미래와 통하는 책

동양북스 외국어 베스트 도서

700만 독자의 선택!

새로운 도서, 다양한 자료 동양북스 홈페이지에서 만나보세요!

www.dongyangbooks.com
m.dongyangbooks.com

※ 학습자료 및 MP3 제공 여부는 도서마다 상이하므로 확인 후 이용 바랍니다.

홈페이지 도서 자료실에서 학습자료 및 MP3 무료 다운로드

PC

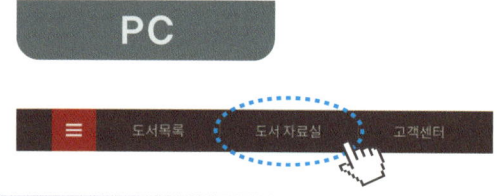

❶ 홈페이지 접속 후 도서 자료실 클릭
❷ 하단 검색 창에 검색어 입력
❸ MP3, 정답과 해설, 부가자료 등 첨부파일 다운로드
  * 원하는 자료가 없는 경우 '요청하기' 클릭!

MOBILE

* 반드시 '인터넷, Safari, Chrome' App을 이용하여 홈페이지에 접속해주세요. (네이버, 다음 App 이용 시 첨부파일의 확장자명이 변경되어 저장되는 오류가 발생할 수 있습니다.)

❶ 홈페이지 접속 후 ≡ 터치

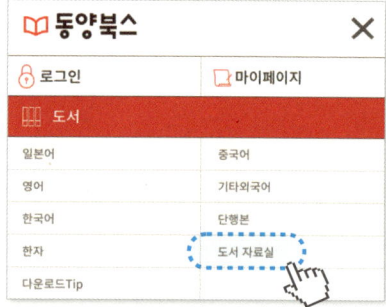

❷ 도서 자료실 터치

❸ 하단 검색창에 검색어 입력
❹ MP3, 정답과 해설, 부가자료 등 첨부파일 다운로드
  * 압축 해제 방법은 '다운로드 Tip' 참고

중국어뱅크 누구나 쉽게 도전하는

NEW 스타일 중국어 ❶

정윤철, 최재영, 구현아 지음

동양북스

초판 17쇄 | 2024년 4월 5일

지 은 이 | 정윤철, 최재영, 구현아
발 행 인 | 김태웅
책임편집 | 김상현, 김수연
디자인 | 남은혜, 김지혜
마케팅 총괄 | 김철영
온라인 마케팅 | 김은진
제   작 | 현대순

발 행 처 | ㈜동양북스
등   록 | 제 2014-000055호(2014년 2월 7일)
주   소 | 서울시 마포구 동교로22길 14(04030)
구입문의 | 전화 (02)337-1737   팩스 (02)334-6624
내용문의 | 전화 (02)337-1762   dybooks2@gmail.com

ISBN 978-89-98914-49-3 14720

ⓒ 정윤철, 최재영, 구현아, 2013

▶ 본 책은 저작권법에 의해 보호를 받는 저작물이므로 무단 전재와 복제를 금합니다.
▶ 잘못된 책은 구입처에서 교환해 드립니다.
▶ 도서출판 동양북스에서는 소중한 원고, 새로운 기획을 기다리고 있습니다.
   http://www.dongyangbooks.com

머리말

중국의 경제적 부상과 더불어 전 세계적으로 중국어 배우기 열풍이 뜨겁습니다. 중국과 이웃하고 있는 우리에게 중국어는 이제 더 이상 단순히 배워두면 좋은 선택형 외국어의 개념이 아니라 필수 외국어로써 자리매김하고 있습니다. 이러한 추세는 중국어학습이 영어와 마찬가지로 전공자에 국한되지 않고 다양한 학습 동기와 목적에 따라 대중화되고 있음을 시사합니다. 현재 대학에서도 중국어전공자보다 훨씬 많은 타전공 학생들이 교양과목으로 중국어를 선택하고 있으며, 대학 본부도 중국어를 필수과목으로 채택하거나 졸업자격에 포함시키고 있습니다. 이 사회를 이끌어 나갈 미래의 젊은 인재들에게 있어 중국어가 매우 중요한 도구로서 인식되고 있음을 잘 알 수 있습니다.

본 교재는 먼저 교양 중국어 과정의 특성을 고려하여 전체 난이도를 조절하는 동시에 발음 학습 영역을 더욱 강화하였습니다. 구성 방식에서는 교과서 형식의 구성방식을 채택하여 강의용 교재의 특성을 살리는 한편, '少讲多练(설명은 최소화하되 연습은 충분히 한다)'이라는 원칙하에 각 과를 구성하였습니다. 본문 소재의 경우 실용성과 흥미성을 확보하기 위해 1권에서는 기초적인 의사소통 상황을 설정하였고, 2권에서는 여행이라는 상황을 설정하였습니다. 한 과의 마지막 페이지에는 교양 중국어 과정에서 중요하게 간주되고 있는 문화소개 코너를 배치하여 일상에서 흔히 접할 수 있는 구체적이고 개별적인 문화항목을 다루었습니다.

좋은 교재는 교육 현장의 경험을 통해 잉태되고 실제 사용 과정을 통해 검증되고 보완될 것입니다. 교양 중국어과정에 적합한 맞춤형 교재의 개발이라는 나름의 작지 않은 목적에서 출발하였지만 저자의 한계로 인해 충분히 그 목적을 실현하지 못했을 것입니다. 부디 더 좋은 교재를 함께 만들어 간다는 선의에서 많은 채찍과 의견 부탁드립니다. 이 자리를 빌려 본 교재의 기획과 출판을 함께 해준 동양북스 식구들에게 깊은 감사를 드리며, 소중한 고견을 보내주신 전국 대학 교양 중국어 담당 선생님들께도 다시 한 번 감사의 마음을 전합니다.

저자 정윤철, 최재영, 구현아

차례 및 소개

머리말　**3**

이 책의 구성　**6**

학습내용　**8**

01	오리엔테이션	**10**
02	안녕하세요? 你好！	**18**
03	성함이 어떻게 되십니까? 您贵姓?	**28**
04	알게 되어 반갑습니다. 认识你，很高兴。	**38**
05	가족이 몇 명입니까? 你家有几口人?	**48**
06	오늘은 무슨 요일입니까? 今天星期几?	**58**

복습 I (01~06)　**68**

07	지금 몇 시인가요? 现在几点?	**74**
08	요즘 어떻게 지내요? 最近怎么样?	**86**
09	취미가 무엇인가요? 你的爱好是什么?	**98**
10	학교 안에 은행이 있나요? 学校里边有没有银行?	**110**
11	중국음식을 먹어 본 적이 있나요? 你吃过中国菜吗?	**122**
12	여름방학에 무엇을 할 건가요? 暑假你要做什么?	**134**

복습 II (07~12)　**146**

연습문제 모범답안　**152**

등장인물 소개

왕밍(王明)
Wáng Míng

진수가 다니는
학교의 중국 유학생

천리리(陈丽丽)
Chén Lìlì

왕밍과 함께 한국에
온 중국 학생

박진수(朴真秀)
Piáo Zhēnxiù

중국어를 배우기
시작한 한국 학생

김희진(金喜珍)
Jīn Xǐzhēn

진수와 함께 중국어를
배우는 한국 학생

자오 교수(赵老师)
Zhào lǎoshī

진수가 다니는 대학의
중국어 교수님

일러두기

- 이 책의 본문회화 배경은 한국의 대학 캠퍼스입니다.
- 중국어의 고유명사는 현지 발음대로 표기했습니다. 단, 우리식 한자 독음으로 더 친숙한 고유명사는 우리 식 한자 독음으로 표기했습니다.

이 책의 구성

본과

중국어 발음

2과에서 6과까지 중국어의 발음을 차근차근 학습하며 중국어에 대한 이해를 높입니다.

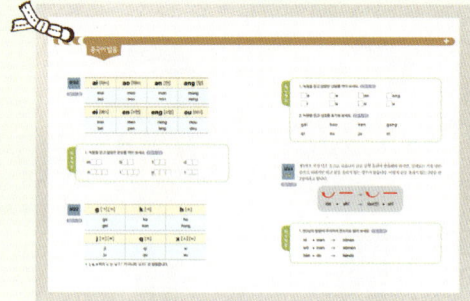

워밍업

사진과 그림을 보며 발음과 어휘를 익히고 본문의 핵심문장을 따라 읽으며 본과의 학습내용에 쉽게 접근합니다.

본문회화/핵심표현

교체단어로 본문의 회화문장을 연습하며 중요한 핵심표현들을 콕콕 짚어 학습합니다.

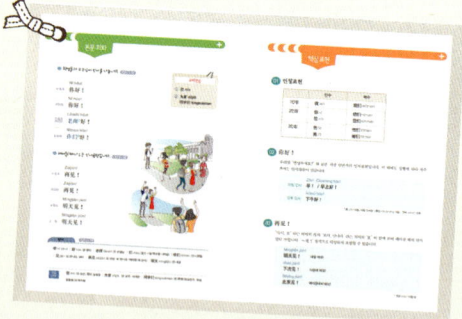

실력다지기

다양한 유형의 연습문제로 기본기를 탄탄하게 다지며 학습합니다.

실전연습문제

7과에서 12과까지 新HSK 출제형식으로 된 문제를 풀어보며 체계적으로 학습합니다.

중국문화

상식적으로 알아야 할 다양한 중국 문화이야기로 한 과의 학습을 마무리합니다.

복습

복습하기

여섯과 학습 후 앞에서 배운 어휘와 기본표현, 핵심표현을 꼼꼼하게 되짚으며 복습합니다.

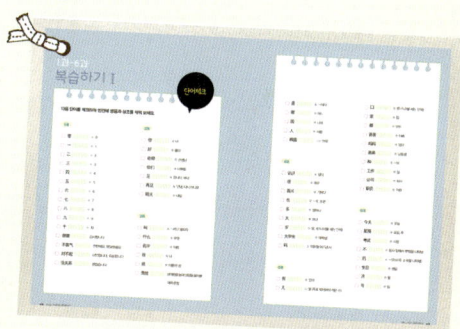

쓰기노트

본문의 중요단어 쓰기연습을 통해 중국어 간체자에 친숙해지도록 기초학습을 보충합니다.

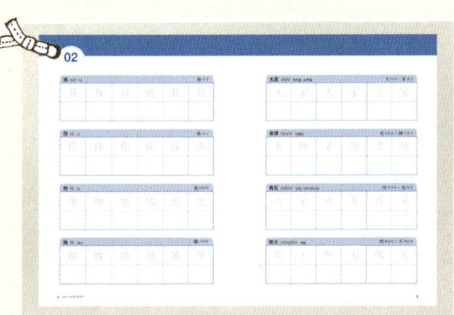

학습내용

01
- **학습목표** 중국어에 대한 기본적인 이해
- **기본표현** 谢谢。/ 对不起。

02
- **학습목표** 중국어의 기초 발음, 기본적인 인사말
- **기본표현** 你好！/ 老师好！/ 再见！
- **핵심표현** 인칭표현, 인사
- **중국문화** 중국의 인사말

03
- **학습목표** 중국어의 기초 발음, 이름과 국적 묻고 답하기
- **기본표현** 您贵姓? / 你叫什么名字? / 你是哪国人?
- **핵심표현** 이름 묻는 표현, 哪를 사용한 의문법
- **중국문화** 중국의 다양한 성씨

04
- **학습목표** 중국어의 기초 발음, 나이 묻고 답하기
- **기본표현** 认识你，很高兴。/ 你多大? / 你是大学生吗?
- **핵심표현** 숫자읽기 0~100, 의문부사 多, 의문문 吗?
- **중국문화** 중국의 국기와 국가

05
- **학습목표** 중국어의 기초 발음, 가족 소개하기
- **기본표현** 你家有几口人? / 你家都有什么人? / 你爸爸做什么工作?
- **핵심표현** 의문사 几, 都
- **중국문화** 중국어에도 존댓말이 있을까?

06
- **학습목표** 중국어의 기초 발음, 날짜와 요일 묻고 답하기
- **기본표현** 今天星期几? / 考试是不是星期三? / 你的生日是几月几号?
- **핵심표현** 요일과 날짜, 정반 의문문 是不是
- **중국문화** 중국의 주요 명절 및 기념일

복습 I   01~06

07
- **학습목표** 시간표현, 행위의 발생시각 묻고 답하기
- **기본표현** 现在几点? / 今天你几点上课? / 一起吃晚饭, 怎么样?
- **핵심표현** 시각, 동의 및 의견 묻기 怎么样?, 吧
- **중국문화** 해음현상과 중국문화

08
- **학습목표** 안부와 행선지 묻고 답하기
- **기본표현** 你最近怎么样? / 你去哪儿? / 我去图书馆。
- **핵심표현** 太, 의문사 哪儿을 사용한 의문법
- **중국문화** 중국인의 호칭법

09
- **학습목표** 취미 묻고 답하기
- **기본표현** 你的爱好是什么? / 我非常喜欢运动。/ 我不太喜欢。你呢?
- **핵심표현** 기호 표현, 你呢?, 부사를 사용한 정도 표현
- **중국문화** 중국인들이 즐기는 사회체육

10
- **학습목표** 장소와 위치 묻기, 방위관련 표현 익히기
- **기본표현** 学校里边有没有银行? / 办公楼在图书馆右边。/ 银行在几楼?
- **핵심표현** 존재 표현 有와 在, 방위표현
- **중국문화** 중국의 행정구역

11
- **학습목표** 과거의 경험 묻고 답하기, 음식관련 표현 익히기
- **기본표현** 你吃过中国菜吗? / 中国菜味道怎么样? / 我没去过苏州。
- **핵심표현** 경험을 나타내는 过, 맛 표현, 정도부사 最
- **중국문화** 중국의 4대 지역요리

12
- **학습목표** 중국어로 계획 말하기, 중국의 대표적인 지명 익히기
- **기본표현** 你要做什么? / 你们什么时候出国? / 我们可以在北京见面吗?
- **핵심표현** 의지의 표현 要와 想, 시간명사, 가능을 나타내는 조동사 可以
- **중국문화** 베이징의 여행지

복습 II 07~12

오리엔테이션

학습 목표

- 중국어에 대한 기본적인 정보를 이해한다.
- 중국어 발음의 특징을 이해한다.
- 중국어 발음의 기본 단위를 이해한다.

기본표현

- Xièxie.
  谢谢。

- Duìbuqǐ.
  对不起。

▲ '중국어'는 중국어로 뭐라고 할까요?

중국사람들은 중국어를 '한어(汉语, Hànyǔ)'라고 부릅니다. '한어'란 '한족의 말'이란 뜻으로 중국 각 지역의 방언들도 모두 포함될 수 있으나 보통 표준어를 지칭하는 의미로 사용됩니다. 방언과 구별하여 특별히 표준어를 지칭할 경우에는 '보통화(普通话, Pǔtōnghuà)'라는 명칭을 씁니다. 보통화는 '표준이 되는 말'로써 바로 우리가 배우는 중국어를 말합니다.

> 중국어 → 汉语
> 표준어 → 普通话

▲ 중국의 한자는 우리나라에서 쓰는 한자랑 모양이 좀 다르지요?

우리나라나 대만에서는 아직도 전통 한자 정체자(번체자(繁体字, fántǐzì))를 쓰고 있지만, 중국에서는 한자를 쉽게 배우고 익힐 수 있게 하기 위해서 간략화한 한자를 쓰고 있습니다. 이 간략화한 한자를 '간체자(简体字, Jiǎntǐzì)'라고 합니다.

> 漢語 → 汉语
> (번체자) (간체자)

★ 맛보기 도전 ①

다음은 중국의 거리에서 흔히 볼 수 있는 한자들입니다. 어떤 한자일지 한번 맞춰보세요.

车　买　书　广　门　无　乐

간체자는 1960년대부터 보급이 시작되었기 때문에 지금의 중국인들, 특히 간체자로 교육을 받아온 젊은세대들은 간체자에 익숙하여 번체자를 잘 알지 못하는 경우가 많습니다. 우리는 그 반대로 번체자에 더 익숙한 편이지요. 그러므로 중국어를 제대로 읽고 이해하려면 간체자를 별도로 익히는 수밖에 없습니다. 이제 우리의 한자와 현재 중국에서 쓰고 있는 한자의 차이를 이해하셨나요?

▲ 중국어는 어떻게 발음을 표기하나요?

중국어는 뜻글자인 한자를 쓰기 때문에 한국어나 영어와는 달리 발음을 표기할 별도의 방법이 필요합니다. 그래서 현재 중국에서는 알파벳을 사용해 중국어의 발음을 표기하고 있습니다. 알파벳을 사용한 이러한 발음 표기 방법을 '한어병음방안(汉语拼音方案, Hànyǔ Pīnyīn Fāng'àn)'이라고 합니다.

예) 엄마 妈 ma   아빠 爸 ba

한어병음방안은 알파벳을 사용하고 있지만 영어의 발음과 다른 점들도 있습니다.

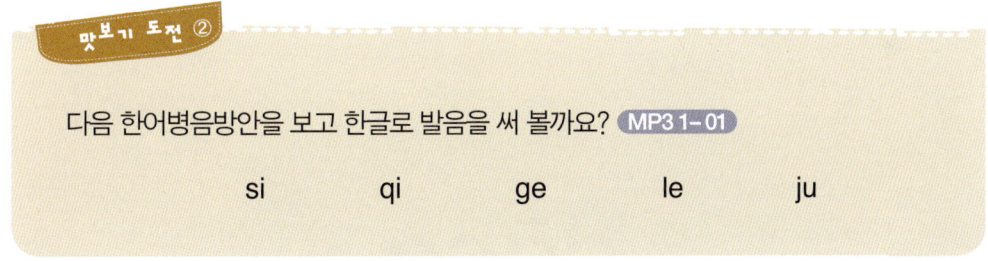

맛보기 도전 ②

다음 한어병음방안을 보고 한글로 발음을 써 볼까요? MP3 1-01

si   qi   ge   le   ju

확실히 여러분이 지금까지 배워온 영어의 발음과 다르다는 것을 알 수 있지요? 물론 비슷한 경우도 많지만 학습 초기에는 영어와 다르게 발음되는 경우를 잘 익혀야 합니다.

▲ 중국어 발음의 특징

중국어의 음절은 기본적으로 성모와 운모로 구성되며, 우리말에 없는 성조가 덧붙여집니다. 성모는 음절의 첫머리 자음을 말하며, 운모는 성모를 제외한 나머지 부분을 가리킵니다.

예) di   →   d(성모) + i(운모)
    jie   →   j(성모) + ie(운모)
    jiao →   j(성모) + iao(운모)
    jiang →   j(성모) + iang(운모)

운모는 하나의 모음으로 구성되기도 하며, 둘 또는 세 개의 모음으로 구성되기도 합니다. 또 우리말의 받침처럼 자음(n, ng)이 음절 끝에 오는 경우도 있습니다.

음절의 높낮이를 나타내는 성조는 중국어에서 매우 중요한 성분이라 할 수 있습니다. 동일한 음절이라 해도 성조가 다르면 말의 의미가 달라지므로 발음할 때 각별히 주의해야 합니다.

예) mā(엄마, 妈) – mǎ(말, 马)

▲ 중국어 발음의 기본 단위

- **성모** : 중국어의 음절에서 첫머리에 오는 자음

    예 da   jia   hao

b	p	m	f
d	t	n	l
g	k	h	
j	q	x	
z	c	s	
zh	ch	sh	r

- **운모** : 중국어의 음절에서 성모를 제외한 나머지 부분

    예 ni   hao   ma

운모는 모음과 자음으로 이루어지기도 합니다. 이 때 음절의 끝자음은 우리말의 받침에 해당합니다.

    예 dan   zhong   huang

a	o	e	i	u	ü			
ai	ao	ou	an	ang	ei	en	eng	ong
ia	ie	in	iao	iou	ian	iang	ing	iong
ua	uo	uai	uei	uan	uen	uang	ueng	
üe	ün	üan	er					

★ 맛보기 도전 ③

성모는 한줄(-), 운모는 두 줄(=)로 표시해 보세요.

dui   bu   qi   mei   guan   xi

- **성조** : 음의 높낮이를 말합니다. 같은 소리라 해도 성조가 다르면 뜻이 달라지기 때문에 중국어에서 성조는 매우 중요한 발음 요소입니다. 다음 중국어의 4가지 기본 성조를 익혀보세요. MP3 1-04

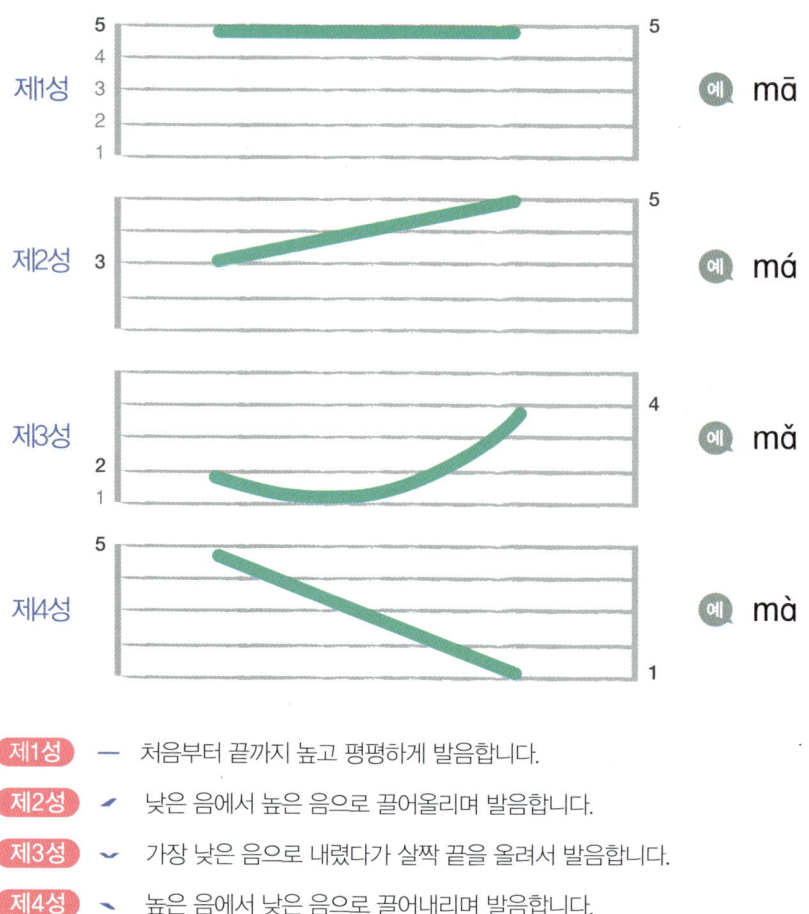

제1성 — 처음부터 끝까지 높고 평평하게 발음합니다.
제2성 ╱ 낮은 음에서 높은 음으로 끌어올리며 발음합니다.
제3성 ∨ 가장 낮은 음으로 내렸다가 살짝 끝을 올려서 발음합니다.
제4성 ╲ 높은 음에서 낮은 음으로 끌어내리며 발음합니다.

맛보기 도전 ④

숫자로 중국어의 성조를 익혀 보세요. MP3 1-05

líng	yī	èr	sān	sì	wǔ
零	一	二	三	四	五
liù	qī	bā	jiǔ	shí	
六	七	八	九	十	

기본 성조 외에 가볍고 짧게 발음되는 '경성'이 있습니다. '경성'은 별도의 성조 표기를 하지 않습니다.

예) māma   bàba

맛보기 도전 ⑤

사과와 감사의 표현으로 4가지 성조와 경성을 익혀 보세요. MP3 1-06

a : Xièxie.
  谢谢。 감사합니다.

b : Bú kèqi.
  不客气。 천만에요. 별말씀을요.

a : Duìbuqǐ.
  对不起。 미안합니다.

b : Méi guānxi.
  没关系。 괜찮습니다.

성조는 모음 위에만 표기합니다. 모음이 두 개 이상일 경우에는 a, o, e, i, u, ü 의 순서로 첫 번째 모음 위에 표기하며, 첫 번째 모음이 i, u, ü일 때는 두 번째 모음 위에 표기합니다.

예) jī   dú   lǔn   kào
    jiā   duó   lüè   kuǐ

맛보기 도전 ⑥

괄호 안에 제시된 성조를 바르게 표기해 보세요.

ni (제3성)   za (제4성)   mo (제2성)

hao (제3성) dou (제1성)   pei (제4성)

tian (제1성) tuo (제2성)   nüe (제4성)

02

Nǐ hǎo!
你好!

안녕하세요!

학습 목표

- 중국어의 기초 발음을 익힌다.
- 기본적인 인사말을 나눌 수 있다.

기본표현

Nǐ hǎo!
- 你好！

Lǎoshī hǎo!
- 老师好！

Zàijiàn!
- 再见！

중국어 발음

운모1
MP3 1-07

a[아]	o[오어]	e[으어]
ma	mo	de
ba	bo	ne

i[이]	u[우]	ü[위]
mi	mu	nü
bi	pu	lü

◆ ü의 발음은 'i[이]'를 발음한 상태에서 입을 오므려 냅니다. 이 때 입 모양을 끝까지 유지하는 것이 중요합니다.
◆ i, u, ü가 성모없이 단독으로 발음될 때는 각각 'yi', 'wu', 'yu'로 표기합니다.

확인학습

1. 녹음을 듣고 알맞은 운모를 적어 보세요. MP3 1-08

m☐   p☐   n☐   b☐
d☐   l☐   t☐   f☐

성모1
MP3 1-09

b[ㅂ][ㅃ]	p[ㅍ]	m[ㅁ]
ba	pa	ma
bi	pi	mi

f[ㅍ]
fo
fu

◆ f는 영어의 'f' 발음처럼 아랫입술을 윗니에 대면서 발음합니다.

d[ㄷ][ㄸ]	t[ㅌ]	n[ㄴ]
da	ta	na
du	tu	nu

l[을르]
la [을라]
le [을러]

◆ l은 우리말 '빨리'에서 '리'의 'ㄹ'처럼 발음합니다. 예를 들어 'la'의 경우 발음하기 전에 살짝 '(을)' 소리를 내면서 발음합니다.

확인학습

1. 녹음을 듣고 알맞은 성모를 적어 보세요. MP3 1-10

☐ e   ☐ e   ☐ e   ☐ o   ☐ o   ☐ o
☐ u   ☐ u   ☐ u   ☐ ü   ☐ ü

2. 녹음을 듣고 성조를 표기해 보세요. MP3 1-11

bo   mu   ba   te
pi   fu   lü   nü

성조1
제3성
+
제3성
MP3 1-12

제3성과 제3성을 연이어 발음할 경우에는 다음과 같이 성조가 변화됩니다.

nǐ + hǎo → ní + hǎo

확인학습

1. 제3성의 성조변화에 주의하여 큰 소리로 읽어 보세요. MP3 1-13

dǎ sǎn   kǒu kě   zǎo hǎo

워밍업 1

1 그림 속 중국의 전통 놀이 명칭을 정확하게 발음해 보세요. MP3 1-14

① píyǐngxì

② jiǎnzhǐ

③ biànliǎn

④ jīngjù

2 다음 지도에 표시된 중국의 대표 지역명을 정확하게 발음해 보세요. MP3 1-15

Běijīng   Tiānjīn   Shànghǎi   Xiānggǎng

워밍업 2

1 아래의 단어와 문장을 듣고 큰 소리로 여러 번 따라 읽어 보세요. MP3 1-16

1회 2회 3회

nǐ
你

hǎo
好

Nǐ hǎo!
你好!

lǎoshī
老师

hǎo
好

Lǎoshī hǎo!
老师好!

zài
再

jiàn
见

Zàijiàn!
再见!

míngtiān
明天

jiàn
见

Míngtiān jiàn!
明天见!

본문 회화

🎵 학생들과 교수님이 인사를 나눕니다. **MP3 1-17**

	Nǐ hǎo!
朴真秀	你好！

	Nǐ hǎo!
陈丽丽	你好！

	Lǎoshī hǎo!
朴真秀 陈丽丽	老师①好！

	Nǐmen hǎo!
赵老师	你们②好！

교체연습

① 您 nín
② 大家 dàjiā
　同学们 tóngxuémen

🎵 헤어질 때 나누는 인사표현입니다. **MP3 1-18**

	Zàijiàn!
朴真秀	再见！

	Zàijiàn!
陈丽丽	再见！

	Míngtiān jiàn!
金喜珍	明天见！

	Míngtiān jiàn!
王　明	明天见！

단어 **MP3 1-19**

你 nǐ 대 너 ｜ 好 hǎo 형 좋다 ｜ 老师 lǎoshī 명 선생님 ｜ 们 men 접미 ~들(복수를 나타냄) ｜ 你们 nǐmen 대 너희들 ｜
见 jiàn 동 만나다, 보다 ｜ 再见 zàijiàn 동 안녕, 또 만나요 (헤어질 때 인사) ｜ 明天 míngtiān 명 내일

연습단어
您 nín 대 당신, 你의 높임말 ｜ 大家 dàjiā 명 모두, 여러분 ｜ 同学们 tóngxuémen 명 同学(학교친구, 학생, 동창생)의 복수형

핵심 표현

01 인칭표현

	단수	복수
1인칭	我 wǒ	我们 wǒmen
2인칭	你 nǐ 您 nín	你们 nǐmen
3인칭	他 tā 她 tā	他们 tāmen 她们 tāmen

02 你好！

우리말 '안녕하세요?'와 같은 가장 일반적인 인사표현입니다. 이 외에도 상황에 따라 자주 쓰이는 인사말들이 있습니다.

아침 인사　早！／早上好！
　　　　　　Zǎo! Zǎoshang hǎo!

오후 인사　下午好！
　　　　　　Xiàwǔ hǎo!

* 早 zǎo 아침, 아침 인사말 | 早上 zǎoshang 아침 | 下午 xiàwǔ 오후

03 再见！

'다시, 또'라는 의미의 再와 '보다, 만나다'라는 의미의 '见'이 함께 쓰여 헤어질 때의 인사말로 쓰입니다. '~见！' 형식으로 다양하게 표현할 수 있습니다.

明天见！　　내일 봐요!
Míngtiān jiàn!

下次见！　　다음에 봐요!
Xiàcì jiàn!

北京见！　　베이징에서 봐요!
Běijīng jiàn!

* 下次 xiàcì 다음 번

실력 다지기

1 다음 단어의 발음을 병음으로 표기해 보세요.

你 □□   好 □□□

您 □□□   再见 □□□□□□

老师 □□□□□□   明天 □□□□□□□□

2 녹음을 듣고 그림에 알맞은 인칭표현을 병음으로 적어 보세요. `MP3 1-20`

①    ②    ③

_____   _____   _____

④    ⑤    ⑥

_____   _____   _____

3 녹음을 듣고 빈칸에 들어가는 표현을 병음으로 적어 보세요. `MP3 1-21`

① a: 你好！   b: _____

② a: 您好！   b: _____

③ a: 再见！   b: _____

④ a: 明天见！   b: _____

중국문화

중국의 인사말

인사말은 외국인과 의사소통을 할 때 필요한 가장 기본적인 표현으로 친근함을 나타낼 수 있는 중요한 수단이지요. 그래서 외국어를 배우는 초기 단계에는 다양한 인사말을 익히는 것이 중요합니다. 중국어의 인사말에는 '你好！', '您好！' 외에도 다음과 같이 다양한 인사말이 있습니다.

▲ **시간대에 따른 인사말**
- 아침 인사 : 早(好)！ Zǎo(hǎo)! / 早安！ Zǎo'ān! / 早上好！ Zǎoshang hǎo!
- 오후 인사 : 下午好！ Xiàwǔ hǎo!
- 저녁 인사 : 晚安！ Wǎn'ān!

▲ **헤어질 때의 인사말**
- 再见！ Zàijiàn!
- 慢走！ Mànzǒu!
- 回头见。 Huítóu jiàn.
- 一会儿见。 Yíhuìr jiàn.

▲ **오랜만에 만날 때의 인사말**
- 好久不见。 Hǎojiǔ bújiàn.

▲ **생일축하 할 때의 인사말**
- (祝你)生日快乐！ (Zhù nǐ)Shēngrì kuàilè!

▲ **새해 인사말**
- 新年快乐！ Xīnnián kuàilè!

▲ **축하 인사말**
- 恭喜恭喜！ Gōngxǐ gōngxǐ!

▲ **새로운 사람을 알게 되었을 때의 인사말**
- 认识你, 很高兴。 Rènshi nǐ, hěn gāoxìng.

▲ **손님을 맞이할 때의 인사말**
- 欢迎欢迎！ Huānyíng huānyíng!
- 欢迎光临！ Huānyíng guānglín!

03

Nín guìxìng?
您贵姓?

성함이 어떻게 되십니까?

학습 목표

- 중국어의 기초 발음을 익힌다.
- 이름과 국적을 묻고 대답할 수 있다.

기본표현

- Nín guìxìng?
  您贵姓?

- Nǐ jiào shénme míngzi?
  你叫什么名字?

- Nǐ shì nǎ guó rén?
  你是哪国人?

중국어 발음

운모2
MP3 1-22

ai [아이]	ao [아오]	an [안]	ang [앙]
mai	mao	man	mang
bai	bao	nan	nang

ei [에이]	en [으언]	eng [으엉]	ou [어우]
mei	men	neng	mou
bei	pen	leng	dou

확인학습

1. 녹음을 듣고 알맞은 운모를 적어 보세요. MP3 1-23

m☐☐   b☐☐   f☐☐   d☐☐
n☐☐☐   l☐☐☐   p☐☐☐   t☐☐

성모2
MP3 1-24

g [ㄱ][ㄲ]	k [ㅋ]	h [ㅎ]
ga	ka	ha
gei	kan	hang

j [ㅈ][ㅉ]	q [ㅊ]	x [ㅅ][ㅆ]
ji	qi	xi
ju	qu	xu

◆ j, q, x 뒤의 'u'는 'u[우]'가 아니라 'ü[위]'로 발음합니다.

확인학습

1. 녹음을 듣고 알맞은 성모를 적어 보세요. `MP3 1-25`

   ☐a   ☐e   ☐an   ☐ang
   ☐i   ☐u   ☐u   ☐u

2. 녹음을 듣고 성조를 표기해 보세요. `MP3 1-26`

   gei   hao   ken   geng
   qi   xu   ju   xi

성조2 (반3성)

제3성은 가장 낮은 음으로 내렸다가 끝을 살짝 올려서 발음해야 하지만, 실제로는 가장 낮은 음으로 내리기만 하고 끝을 올리지 않는 경우가 많습니다. 이렇게 끝을 올리지 않는 3성을 반3성이라고 합니다.

`MP3 1-27`

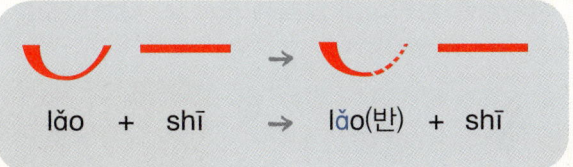

확인학습

1. 반3성의 발음에 주의하여 큰소리로 읽어 보세요. `MP3 1-28`

   nǐ + men → nǐmen
   wǒ + men → wǒmen
   hěn + dà → hěndà

워밍업 1

1 사진에 나오는 중국의 명소 이름을 정확하게 발음해 보세요. `MP3 1-29`

① Tiān'ānmén

② Tàishān

③ Chángchéng

④ Bīngmǎyǒng

2 다음 국기를 보고 국가명을 정확하게 발음해 보세요. `MP3 1-30`

① Hánguó

② Zhōngguó

③ Měiguó

④ Rìběn

워밍업 2

1 아래의 단어와 문장을 듣고 큰 소리로 여러 번 따라 읽어 보세요. MP3 1-31

1회 2회 3회

guì
贵

xìng
姓

Nín guìxìng?
您贵姓?

jiào
叫

shénme
什么

míngzi
名字

Nǐ jiào shénme míngzi?
你叫什么名字?

shì
是

nǎ
哪

guó
国

rén
人

Nǐ shì nǎ guó rén?
你是哪国人?

본문 회화

🎧 친구의 이름을 묻습니다. **MP3 1-32**

王明： Nǐ jiào shénme míngzi?
你叫什么名字?

金喜珍： Wǒ jiào Jīn Xǐzhēn.
我叫金①喜珍。

🎧 진수와 교수님이 대화합니다. **MP3 1-33**

朴真秀： Nín guìxìng?
您贵姓?

赵老师： Wǒ xìng Zhào, jiào Zhào Shūhuá.
我姓赵②, 叫赵淑华。

Nǐ shì nǎ guó rén?
你是哪国人?

朴真秀： Wǒ shì Hánguórén.
我是韩国③人。

교체연습

① 朴 Piáo   李 Lǐ
   崔 Cuī   郑 Zhèng

② 张 Zhāng   刘 Liú
   陈 Chén   杨 Yáng

③ 中国 Zhōngguó
   美国 Měiguó
   日本 Rìběn

단어 **MP3 1-34**

叫 jiào 동 ~라고 불리다 | 什么 shénme 대 무엇 | 名字 míngzi 명 이름 | 我 wǒ 대 나, 저 | 姓 xìng 명 이름의 성
贵姓 guìxìng 상대방의 성씨(상대를 높여 성함을 물을 때) | 是 shì 동 ~이다 | 哪 nǎ 대 어느 | 国 guó 명 나라
人 rén 명 사람 | 韩国 Hánguó 고유 한국

연습단어 中国 Zhōngguó 고유 중국 | 美国 Měiguó 고유 미국 | 日本 Rìběn 고유 일본

핵심 표현

01 您贵姓?

상대방의 이름을 묻는 표현으로 비교적 정중한 느낌을 지닙니다. 대답할 때에는 성만 말하거나 이름 전체를 말합니다.

a 您贵姓? Nín guìxìng?
성함이 어떻게 되세요?

→ b 我姓王。 Wǒ xìng Wáng. 제 성은 왕입니다.

→ b 我姓王，叫王明。 Wǒ xìng Wáng, jiào Wáng Míng. 성은 왕이고 왕밍이라고 합니다.

→ b 我叫王明。 Wǒ jiào Wáng Míng. 저는 왕밍이라고 합니다.

비교적 편한 느낌으로 이름을 물을 때 '你叫什么名字?'를 사용합니다. 대답할 때에는 이름 전체를 말합니다.

a 你叫什么名字? Nǐ jiào shénme míngzi? 이름이 뭐예요? → b 我叫王明。 Wǒ jiào Wáng Míng. 왕밍이에요.

02 你是哪国人?

상대방의 국적을 묻는 표현입니다. '哪'는 '어느'라는 의미를 나타내는 의문사입니다.

a 你是哪国人? Nǐ shì nǎ guó rén? 당신은 어느 나라 사람입니까? → b 我是中国人。 Wǒ shì Zhōngguórén. 저는 중국사람입니다.

표현연습

1. 다음 자신의 이름으로 대답해 보세요.
   ① 您贵姓?
   ② 你叫什么名字?

2. 그림을 보고 국적을 묻고 대답해 보세요.

①  ②  ③

실력 다지기

1 다음 단어의 발음을 병음으로 표기해 보세요.

贵姓 ☐☐☐☐☐☐　　什么 ☐☐☐☐☐

叫 ☐☐☐　　名字 ☐☐☐☐☐

韩国 ☐☐☐☐☐　　中国 ☐☐☐☐☐☐

2 녹음을 듣고 들려주는 문장을 병음으로 적어 보세요. MP3 1-35

① a: _____

　 b: _____

② a: _____

　 b: _____

3 녹음을 듣고 보기에서 알맞은 성을 골라 한자와 병음을 적어 보세요. MP3 1-36

| 보기 | 李　张　刘　朴　陈　杨　金 |

① 我姓_____　② 我姓_____

③ 我姓_____　④ 我姓_____

4 자신의 이름과 국적을 넣어 말해 보세요.

你们好！我叫_____。我是_____人。

중국문화

중국의 다양한 성씨

중국인들은 상대방의 이름을 물을 때 '您贵姓?' 처럼 성(姓)을 묻곤 합니다. 이는 중국인들이 성씨(姓氏)를 매우 중요하게 여기고 있음을 보여주는 것이겠지요. 그렇다면 중국에는 얼마나 많은 성씨가 있을까요? 현재까지 정확한 통계는 없지만 대략 4000 여개의 성씨가 있다고 합니다. 이 가운데 가장 많은 비율을 차지하는 10대 성씨에는 李 Lǐ, 王 Wáng, 张 Zhāng, 刘 Liú, 陈 Chén, 杨 Yáng, 黄 Huáng, 赵 Zhào, 周 Zhōu, 吴 Wú 가 있으며, 중국 전체 인구의 약 44%를 차지한다고 합니다. 이처럼 성씨가 다양한 만큼 재미있는 성씨도 많습니다. 최근 조사에 의하면 가장 기괴한 성씨로 다음과 같은 성씨가 뽑혔다고 합니다.

성씨	뜻
死 Sǐ	죽다
难 Nán	어렵다
黑 Hēi	검다
老 Lǎo	늙다
毒 Dú	독

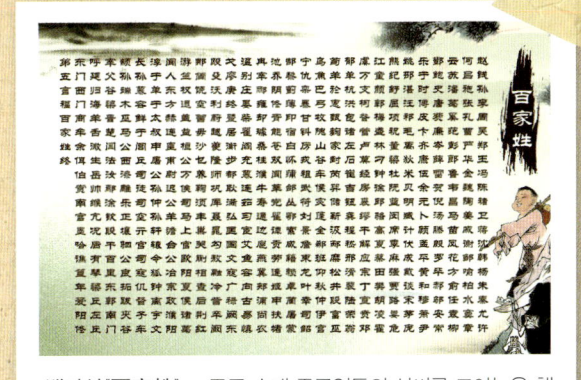

백가성《百家姓》- 중국 송대 중국인들의 성씨를 모아놓은 책

정말 기괴하지요? 다음의 성씨도 발음이 같은 글자로 인해 웃지 못할 상황을 자주 발생시키는 재미있는 성씨입니다. 인구가 많은 만큼 중국에는 참 다양한 성씨가 존재한다는 것을 알 수 있지요.

성씨	동음어
吴 Wú	无 wú 없다
贾 Jiǎ	假 jiǎ 가짜
傅 Fù	副 fù 부(부사장, 부국장 등)

홍루몽《红楼梦》- 중국 청대 소설. 가씨(贾氏) 집안의 이야기를 담은 책

04

Rènshi nǐ, hěn gāoxìng.
认识你，很高兴。

알게 되어 반갑습니다.

학습 목표

- 중국어의 기초 발음을 익힌다.
- 나이를 묻고 대답할 수 있다.

기본표현

Rènshi nǐ, hěn gāoxìng.
- 认识你，很高兴。

Nǐ duō dà?
- 你多大？

Nǐ shì dàxuéshēng ma?
- 你是大学生吗？

중국어 발음

운모3 (MP3 1-37)

ia[이아]	ie[이에]	iao[이아오]	iou(iu)[이어우]
jia	jie	jiao	jiu
xia	xie	xiao	xiu

◆ iou(iu) 앞에 성모가 올 때는 'iu'로 표기합니다.

in[인]	ian[이앤]	ing[잉]	iang[이앙]
jin	jian	jing	jiang
qin	qian	qing	qiang

iong[이옹]
jiong
qiong

확인학습

1. 녹음을 듣고 알맞은 운모를 적어 보세요. (MP3 1-38)

x☐☐   j☐☐   d☐☐   p☐☐

t☐☐☐   b☐☐☐   j☐☐☐   q☐☐☐☐

성모3 (MP3 1-39)

z [ㅈ][ㅉ]	c [ㅊ]	s [ㅅ][ㅆ]
zi	ci	si
zai	cai	sai

확인학습

1. 녹음을 듣고 알맞은 성모를 적어 보세요. (MP3 1-40)

☐i   ☐i   ☐i   ☐i
☐in   ☐an   ☐ing ☐eng

2. 녹음을 듣고 성조를 표기해 보세요. MP3 1-41

| za | cu | si | ze |
| zen | sang | cao | ceng |

성조3 경성

MP3 1-42

경성은 본래의 성조를 잃고 가볍고 짧게 발음되는 성조입니다. 항상 다른 성조 뒤에 오며 별도의 성조 표기는 하지 않습니다. 또한 일정한 높이를 갖고 있지 않으며 앞에 오는 음절의 높이에 의해 음의 높이가 달라집니다. 즉, 제1성 뒤에서는 2도로, 제2성 뒤에서는 3도로, 제3성 뒤에서는 4도로, 제4성 뒤에서는 1도로 각각 다른 높낮이에서 발음됩니다.

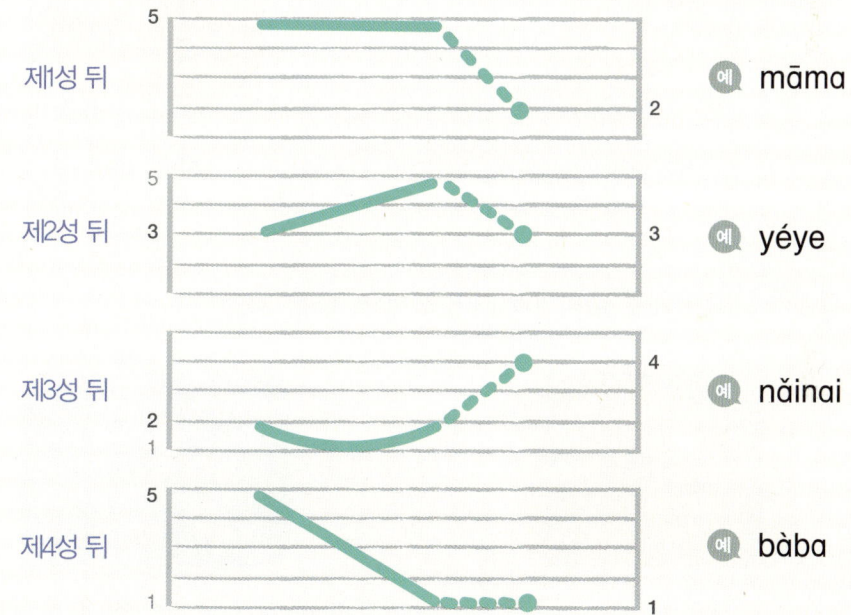

확인학습

1. 앞에 오는 성조와의 관계에 유의하며 가족 명칭으로 경성을 익혀 보세요. MP3 1-43

| māma 엄마 | bàba 아빠 | yéye 할아버지 | nǎinai 할머니 |
| gēge 형/오빠 | dìdi 남동생 | jiějie 누나/언니 | mèimei 여동생 |

워밍업 1

1 그림에 나오는 과일의 개수를 정확하게 발음해 보세요. MP3 1-44

① yí ge

② liǎng ge

③ shí ge

④ shísì ge

2 그림을 보고 숫자를 정확하게 읽어 보세요. MP3 1-45

① èr líng yāo

② líng yāo líng - èr sān sì wǔ - liù qī bā yāo

③ yāo bā sān

④ yāo yāo jiǔ

워밍업 2

1 아래의 단어와 문장을 듣고 큰 소리로 여러 번 따라 읽어 보세요. MP3 1-46

1회 2회 3회

hěn
很

gāoxìng
高兴

Wǒ hěn gāoxìng.
我很高兴。

duō
多

dà
大

Nǐ duō dà?
你多大?

shì
是

dàxuéshēng
大学生

Wǒ shì dàxuéshēng.
我是大学生。

04 认识你,很高兴。알게 되어 반갑습니다.

본문 회화

🎧 진수와 천리리가 처음 알게 되어 나누는 대화입니다. MP3 1-47

朴真秀: Rènshi nǐ, hěn gāoxìng.
认识你，很高兴。

陈丽丽: Wǒ yě hěn gāoxìng.
我也很高兴。

朴真秀: Nǐ duō dà?
你多大？

陈丽丽: Wǒ èrshí suì.
我二十①岁。

朴真秀: Nǐ shì dàxuéshēng ma?
你是大学生吗？

陈丽丽: Wǒ shì dàxuéshēng.
我是大学生②。

교체연습

① 二十一 èrshí yī
二十二 èrshí èr
二十三 èrshí sān

② 小学生 xiǎoxuéshēng
初中生 chūzhōngshēng
高中生 gāozhōngshēng

단어 MP3 1-48

认识 rènshi 동 알다 | 很 hěn 부 매우 | 高兴 gāoxìng 형 기쁘다 | 也 yě 부 ~도, 또한 | 多 duō 부 얼마나 | 大 dà 형 (나이가) 많다 | 岁 suì 양 살, 세(나이를 세는 단위) | 大学生 dàxuéshēng 명 대학생 | 吗 ma 조 의문형 어기조사

연습단어
小学生 xiǎoxuéshēng 명 초등학생 | 初中生 chūzhōngshēng 명 중학생 | 高中生 gāozhōngshēng 명 고등학생

핵심 표현

01 숫자 읽기 : 0에서 100까지

1에서 99까지 숫자읽기는 우리말의 읽기 방법과 동일하며, 다만 100의 경우에는 '백'이 아니라 '일백'으로 읽는 점에 주의해야 합니다.

shíyī	shí'èr	…	èrshí	èrshí yī	èrshí èr	……	jiǔshí jiǔ	yìbǎi
十一	十二	…	二十	二十一	二十二	……	九十九	一百

방 번호, 혹은 전화번호와 같은 숫자에서 1은 'yāo(幺)'로 읽습니다.

201号 (방번호)　　　　èr líng yāo hào
010-2345-6781(전화번호)　líng yāo líng èr sān sì wǔ liù qī bā yāo

숫자 2는 대부분의 경우 양사 앞에서 '二' 대신 '两(liǎng)'을 씁니다.

liǎng ge
两个　　두 개

* 个 gè 개 (사물의 개수를 셀 때의 양사)

02 你多大?

'多'는 주로 '많다'라는 의미를 지니는 형용사로 쓰이지만 의문문에서 부사로 쓰일 경우 정도나 수량을 묻습니다.

Nǐ duō dà?
你多大?　나이가 어떻게 되세요?

Nǐ duō gāo?
你多高?　키가 얼마나 되세요?

* 高 gāo 높다

03 你是大学生吗?

'吗'는 의문문을 만드는 가장 기본적인 성분으로, 평서문의 문장 끝에 '吗'를 붙이면 의문문이 됩니다.

Tā shì Hánguórén.　　　　Tā shì Hánguórén ma?
他是韩国人。　→　他是韩国人吗?
그는 한국인 입니다.　　그는 한국인 입니까?

실력 다지기

1 다음 단어의 발음을 병음으로 표기해 보세요.

很 ☐☐☐   认识 ☐☐☐☐☐☐

多 ☐☐☐   高兴 ☐☐☐☐☐☐

岁 ☐☐☐   大学生 ☐☐☐☐☐☐☐☐☐

2 녹음을 듣고 들려주는 문장을 병음으로 적어 보세요. MP3 1-49

① a: _____
　 b: _____
② a: _____
　 b: _____

3 녹음을 듣고 각각의 나이를 숫자로 적어 보세요. MP3 1-50

① 王建民 : _____ 岁

② 金瑞英 : _____ 岁

③ 早田天山 : _____ 岁

④ 玛丽 : _____ 岁

4 자신의 이름과 국적, 나이를 말해 보세요.

你们好！认识你们很高兴。我叫_____, _____人, _____岁。

중국문화

중국의 국기(国旗)

여러분은 아마도 올림픽 경기에서 중국의 국기를 보신 적이 있을 것입니다. 바로 다음과 같은 모습이었지요. 이 국기의 이름은 중국어로 '五星红旗 Wǔxīng hóngqí'라고 부르며 '다섯 개의 별이 있는 붉은 깃발'이라는 뜻입니다. 깃발 전체의 붉은색은 '혁명'을 상징하며 별의 노란색은 황인종을 의미합니다. 왼쪽에 있는 가장 큰 별은 중국공산당을, 네 개의 작은 별들은 각각 '노동자', '농민', '지식인', '민족자산계급'을 상징합니다. 이 4개의 작은 별이 큰 별을 둘러싸고 있는 모습에도 역시 의미가 있습니다. 바로 중국인 모두가 공산당을 중심으로 다 함께 단결한다는 뜻이지요.

중국의 국가(国歌)

현재 중국은 1930년대에 만들어진 「의용군행진곡 (义勇军进行曲)」이란 곡을 국가(国歌)로 채택하고 있습니다. 악보와 함께 한국어 가사를 보고 어떤 내용인지 한번 살펴보세요.

한국어 가사

일어나라!
노예되기 싫은 사람들아!
우리의 피와 살로
우리의 새장성을 쌓자!
중화민족에 닥친
가장 위험한 시기
억압에 못 견딘 사람들의
마지막 외침!
일어나라! 일어나라! 일어나라!
우리 모두 일치단결하여
적의 포화를 뚫고,
전진하자!
적의 포화를 뚫고,
전진! 전진! 전진! 전진하자!

(출처-외교부 2013 중국개황)

05

Nǐ jiā yǒu jǐ kǒu rén?
你家有几口人?

가족이 몇 명입니까?

학습 목표

- 중국어의 기초 발음을 익힌다.
- 가족에 대해 간단하게 소개할 수 있다.

기본표현

Nǐ jiā yǒu jǐ kǒu rén?
- 你家有几口人?

Nǐ jiā dōu yǒu shénme rén?
- 你家都有什么人?

Nǐ bàba zuò shénme gōngzuò?
- 你爸爸做什么工作?

중국어 발음

운모4	ua [우와]	uo [우어]	uai [우아이]	uei(ui) [우에이]
	gua	duo	guai	dui
	kua	tuo	huai	sui

	uan [우완]	uen(un) [우언]	uang [우앙]	ueng [우엉]
	duan	dun	wang	weng
	suan	sun	kuang	

◆ uei 와 uen 앞에 성모가 올 때는 각각 'ui', 'un'으로 표기합니다.

ong [옹]
dong
gong

확인학습

1. 녹음을 듣고 알맞은 운모를 적어 보세요. MP3 1-52

g□□   c□□   t□□□   k□□□

h□□□   l□□□   w□□□   w□□□

성모4	zh [ㅈ][ㅉ]	ch [ㅊ]	sh [ㅅ][ㅆ]	r [ㄹ]
	zhi	chi	shi	ri
	zhang	cheng	shuang	ren

확인학습

1. 녹음을 듣고 알맞은 성모를 적어 보세요. `MP3 1-54`

   ☐i   ☐i   ☐i   ☐i
   ☐ang ☐eng ☐ian ☐uan

2. 녹음을 듣고 성조를 표기해 보세요. `MP3 1-55`

   zhe   xue   qian   re
   shei   cong   chu   zhang

성조4 — 와 不의 성조변화

`MP3 1-56`

'一 yī'와 '不 bù'는 뒷 글자의 성조에 따라 다음과 같이 성조가 변화됩니다.

	뒷 글자의 성조	성조 변화	예
一 yī	yī + 제1성 yī + 제2성 yī + 제3성	yì + 제1성 yì + 제2성 yì + 제3성	yì tiān yì nián yì běn
	yī + 제4성	yí + 제4성	yí kuài
不 bù	bù + 제4성	bú + 제4성	bú shì

확인학습

1. '一 yī'와 '不 bù'의 성조 변화에 유의하여 다음을 큰 소리로 읽어 보세요. `MP3 1-57`

   yī + jiā   yī + tiáo   yī + wǎn   yī + zhì
   bù + zhī   bù + lái   bù + hǎo   bù + yào

워밍업 1

1 그림에서 가족 구성원들의 호칭을 정확하게 발음해 보세요. `MP3 1-58`

bàba   māma   jiějie   gēge   mèimei   dìdi

2 그림 속 직업을 정확하게 발음해 보세요. `MP3 1-59`

❶

lǎoshī

❷

jǐngchá

❸

gōngsī zhíyuán

❹

yīshēng

워밍업 2

1 아래의 단어와 문장을 듣고 큰 소리로 여러 번 따라 읽어 보세요. MP3 1-60

1회 2회 3회

yǒu
有

jǐ kǒu rén
几口人

Nǐ jiā yǒu jǐ kǒu rén?
你家有几口人?

dōu
都

yǒu
有

shénme rén
什么人

Nǐ jiā dōu yǒu shénme rén?
你家都有什么人?

bàba、māma、dìdi
爸爸、妈妈、弟弟

hé
和

wǒ
我

Bàba、māma、dìdi hé wǒ.
爸爸、妈妈、弟弟和我。

본문 회화

🎧 왕밍과 희진이가 가족과 직업에 대해 이야기합니다. MP3 1-61

王明　Nǐ jiā yǒu jǐ kǒu rén?
　　　你家有几口人?

金喜珍　Sì kǒu rén.
　　　　四口人。

王明　Nǐ jiā dōu yǒu shénme rén?
　　　你家都有什么人?

金喜珍　Bàba、māma、dìdi hé wǒ.
　　　　爸爸、妈妈、弟弟①和我。

王明　Nǐ bàba zuò shénme gōngzuò?
　　　你爸爸做什么工作?

金喜珍　Tā shì gōngsī zhíyuán.
　　　　他是公司职员②。

교체연습

① 哥哥 gēge
　姐姐 jiějie
　妹妹 mèimei

② 警察 jǐngchá
　医生 yīshēng
　老师 lǎoshī

단어 MP3 1-62

有 yǒu 동 있다 ｜ 几 jǐ 수 몇(주로 10이하의 적은 수) ｜ 口 kǒu 양 명(식구를 세는 단위) ｜ 家 jiā 명 집 ｜ 都 dōu 부 모두

爸爸 bàba 명 아빠 ｜ 妈妈 māma 명 엄마 ｜ 弟弟 dìdi 명 남동생 ｜ 和 hé 접 ~와 ｜ 工作 gōngzuò 명 일

公司 gōngsī 명 회사 ｜ 职员 zhíyuán 명 직원

연습 단어　哥哥 gēge 명 형, 오빠 ｜ 姐姐 jiějie 명 언니, 누나 ｜ 妹妹 mèimei 명 여동생 ｜ 警察 jǐngchá 명 경찰 ｜ 医生 yīshēng 명 의사 ｜ 老师 lǎoshī 명 선생님

핵심 표현

01 你家有几口人？

'几'는 수량을 물을 때 쓰는 의문사입니다. 주로 10 이하의 적은 수량일 때 사용합니다.

Nǐ jǐ suì?
a 你几岁？   몇 살이니?(어린아이에게 나이를 물을 때)

Qī suì.
b 七岁。   일곱 살이에요.

Nǐ yǒu jǐ ge dìdi?
a 你有几个弟弟？   남동생은 몇 명이니?

Wǒ yǒu yí ge dìdi.
b 我有一个弟弟。   난 남동생이 한 명 있어.

02 你家都有什么人？

'都'는 본문에서 '모두'라는 의미를 나타냅니다.

Wǒ shì dàxuéshēng.　　　　　　　Wǒmen dōu shì dàxuéshēng.
我是大学生。　→　我们都是大学生。
나는 대학생입니다.　　　　　　　우리는 모두 대학생입니다.

Wǒ shì Hánguórén.　　　　　　　Wǒmen dōu shì Hánguórén.
我是韩国人。　→　我们都是韩国人。
나는 한국인입니다.　　　　　　　우리는 모두 한국인입니다.

표현연습

1. 다음 대답에 대한 알맞은 질문을 적어 보세요.

    ① a : 你家_____?　　　② a : 你_____?
       b : 我家有五口人。　　　　　　　　b : 我有两个姐姐。

2. 다음 질문에 '都'를 넣어 대답해 보세요.

    ① 你们是大学生吗？　　　　　　② 他们是老师吗？
       → _____　　　　　　　→ _____

실력 다지기

1 다음 단어의 발음을 한어병음으로 표기해 보세요.

家 ☐☐☐   爸爸 ☐☐☐☐

妈妈 ☐☐☐☐   弟弟 ☐☐☐☐

和 ☐☐   工作 ☐☐☐☐☐☐☐

公司 ☐☐☐☐☐☐   职员 ☐☐☐☐☐☐☐

2 녹음을 듣고 들려주는 문장을 병음으로 적어 보세요. **MP3 1-63**

① a: _____
   b: _____
② a: _____
   b: _____

3 녹음을 듣고 가족의 수를 적어 보세요. **MP3 1-64**

① 我家有_____人。   ② 我家有_____人。

③ 我家有_____人。   ④ 我家有_____人。

4 빈칸을 채워서 자신과 가족을 소개해 보세요.

你们好！认识你们很高兴。

我叫_____。我是_____人，_____岁。

我家有_____口人，_____和我。

중국문화

중국어에도 존댓말이 있을까?

우리는 서양 사람들과는 달리 예의범절을 중요시하는 유교 전통을 지니고 있습니다. '장유유서(長幼有序)'라는 말을 한번쯤은 들어보셨죠? 어른에게는 깍듯이 예의를 갖추고 말도 높여야 합니다. 아이, 어른 구분 없이 모두 'you', 'he', 'she' 등으로 지칭하는 영어의 경우를 우리말에서는 상상하기 힘들지요. 그렇다면 우리가 유교 전통이라고 말할 때의 '유교'가 어디서 발원한 것인지 아시나요? 그렇습니다. 바로 공자와 맹자 등 우리 귀에 낯익은 성현들이 태어난 중국입니다. 여기서 한가지 더 물어볼까요? 유교의 발원지인 중국도 과연 우리말처럼 존대표현이 발달했을까요? 아래의 문장을 보고 같은 의미의 한국어와 중국어를 비교해 보세요.

이 분은 우리 아버지이십니다.	这是我爸爸。
얘는 내 동생이야.	这是我弟弟。
내 이름은 김철수야.	我叫金哲洙。
제 이름은 김철수입니다.	我叫金哲洙。
쟤는 내 친구야.	他是我朋友。
저 분은 우리 선생님이셔.	他是我们的老师。

우리말은 상대방에 따라 '이 분/얘', '내 이름/제 이름', '쟤/저 분' 등으로 표현이 바뀌지만 중국어에서는 표현에 별다른 변화가 없습니다. 어떤 관점으로는 유교의 발원지인 중국보다 우리나라가 존대표현이 더 발달했다고 할 수 있지요. 물론 중국어에 존대표현이 전혀 없는 것은 아닙니다.

您贵姓?	성함이 어떻게 되시죠?
你叫什么名字?	이름이 어떻게 됩니까?
你几岁?	몇 살이니?
你多大?	나이가 몇이니?
你多大年纪?	연세가 어떻게 되시죠?

하지만 우리말에 비하면 극히 일부에 지나지 않습니다. 그래서 '유교의 발원지는 중국이지만 유교적 전통은 오히려 한국이 더 발달했다.' 라고 말하기도 하지요.

06

Jīntiān xīngqī jǐ?
今天星期几?

오늘은 무슨 요일입니까?

학습 목표

- 중국어의 기초 발음을 익힌다.
- 날짜와 요일을 묻고 대답할 수 있다.

기본표현

- Jīntiān xīngqī jǐ?
  今天星期几?

- Kǎoshì shì bu shì xīngqīsān?
  考试是不是星期三?

- Nǐ de shēngrì shì jǐ yuè jǐ hào?
  你的生日是几月几号?

중국어 발음

운모5	üe [위에]	ün [윈]	üan [위앤]
MP3 1-65	yue	yun	yuan
	lüe	jun	juan

er [얼]
er

◆ er은 혀끝을 말듯이 하고 혀끝이 입천장에 닿지 않도록 하여 우리말의 '얼'처럼 발음합니다.

확인학습

1. 녹음을 듣고 알맞은 운모를 적어 보세요. MP3 1-66

y☐☐　　j☐☐　　q☐☐　　x☐☐
y☐☐　　j☐☐　　q☐☐　　x☐☐
y☐☐☐　j☐☐☐　q☐☐☐　x☐☐☐

발음 종합연습

1. 다음은 중국의 도시들입니다. 녹음을 듣고 성모를 적어 보세요. MP3 1-67

☐ěijīng	베이징	☐éngdū	청두
☐ànghǎi	상하이	Háng☐ōu	항저우
☐iānggǎng	홍콩	☐uǎngzhōu	광저우
Tiān☐īn	톈진	☐úzhōu	푸저우
☐ī'ān	시안	☐īngdǎo	칭다오

2. 다음은 생활용품입니다. 녹음을 듣고 운모와 성조를 적어 보세요. MP3 1-68

sh☐jī	휴대전화	zh☐zi	탁자
diànn☐	컴퓨터	y☐zi	의자
z☐xíngch☐	자전거	kāf☐	커피
kōngt☐	에어컨	r☐jìb☐	일기장

3. 녹음을 듣고 해당하는 발음에 표시해 보세요. MP3 1-69

	e	i	ao	ou	an	ang	eng	ong
z								
zh								
c								
ch								
s								
sh								

워밍업 1

1 다음 표를 보며 요일 표현을 정확하게 발음해 보세요. MP3 1-70

월요일	화요일	수요일	목요일	금요일	토요일	일요일
星期一	星期二	星期三	星期四	星期五	星期六	星期天(日)
xīngqīyī	xīngqī'èr	xīngqīsān	xīngqīsì	xīngqīwǔ	xīngqīliù	xīngqītiān(rì)

2 그림을 보고 각각의 날을 정확하게 발음해 보세요. MP3 1-71

Chūn Jié

Zhōngqiū Jié

Shèngdàn Jié

shēngrì

워밍업 2

1 아래의 단어와 문장을 듣고 큰 소리로 여러 번 따라 읽어 보세요. MP3 1-72

jīntiān
今天

xīngqī
星期

Jīntiān xīngqī jǐ?
今天星期几?

kǎoshì
考试

shì bu shì
是不是

xīngqīsān
星期三

Kǎoshì shì bu shì xīngqīsān?
考试是不是星期三?

shēngrì
生日

jǐ yuè
几月

jǐ hào
几号

Nǐ de shēngrì shì jǐ yuè jǐ hào?
你的生日是几月几号?

본문 회화

🎧 진수와 희진이가 날짜와 요일을 묻고 답하는 대화입니다. MP3 1-73

朴真秀
Jīntiān xīngqī jǐ?
今天星期几?

金喜珍
Xīngqīyī.
星期一。

朴真秀
Kǎoshì shì bu shì xīngqīsān?
考试是不是星期三?

金喜珍
Bú shì. Shì xīngqīsì.
不是。是星期四①。

朴真秀
Nǐ de shēngrì shì jǐ yuè jǐ hào?
你的生日②是几月几号?

金喜珍
Èr yuè shísì hào.
二月十四号。

교체연습

① 星期二 xīngqī'èr
  星期六 xīngqīliù
  星期天 xīngqītiān

② 春节 Chūn Jié
  中秋节 Zhōngqiū Jié
  圣诞节 Shèngdàn Jié

단어 MP3 1-74

今天 jīntiān 명 오늘 | 星期 xīngqī 명 요일, 주 | 考试 kǎoshì 명 시험 | 不 bù 부 동사 앞에서 부정을 나타냄 | 的 de 조 ~의(소유, 소속을 나타냄) | 生日 shēngrì 명 생일 | 月 yuè 명 월 | 号 hào 명 일

연습단어 春节 Chūn Jié 고유 춘절(음력설) | 中秋节 Zhōngqiū Jié 고유 중추절(추석) | 圣诞节 Shèngdàn Jié 고유 성탄절, 크리스마스

핵심 표현

01 今天星期几?

요일표현은 월요일에서 토요일까지 '星期' 뒤에 숫자 1~6 을 사용하여 표현합니다. 다만 일요일은 숫자 대신 '天'이나 '日'를 사용합니다. 요일을 물을 때는 숫자가 들어가는 부분에 '几'를 씁니다.

a 今天星期几? 오늘은 무슨 요일입니까? Jīntiān xīngqī jǐ?
→ b 星期五。 금요일입니다. Xīngqīwǔ.

02 考试是不是星期三?

'吗' 의문문 외에도 동사의 긍정과 부정을 병렬하여 의문문을 만들 수 있습니다. 이때 문장 끝에는 '吗'를 쓰지 않습니다.

今天是你的生日吗? Jīntiān shì nǐ de shēngrì ma?
오늘이 네 생일이니?
→ 今天是不是你的生日? Jīntiān shì bu shì nǐ de shēngrì?
오늘이 네 생일 아니니?

03 你的生日是几月几号?

중국어의 날짜 표현은 '~월 ~일'의 형식으로 우리말과 같습니다. '일'은 일반 회화에서 '日' 대신 주로 '号'를 사용하며, 요일을 물을 때와 마찬가지로 숫자가 들어가는 부분에 '几'를 사용하여 날짜를 묻습니다.

1 月 yī yuè 1월
1 号(日) yī hào(rì) 1일

표현연습

1. 다음 달력을 보고 질문에 대답해 보세요.

①
你的生日是几月几号?

②
劳动节是几月几号?

③
国庆节是几月几号?

*劳动节 Láodòng Jié 노동절 (5월 1일) | 国庆节 Guóqìng Jié 국경절 (중국의 건국기념일 10월 1일)

실력 다지기

1 다음 단어의 발음을 병음으로 표기해 보세요.

今天 ☐☐☐☐☐☐   星期 ☐☐☐☐☐☐

月 ☐☐☐   号 ☐☐☐

考试 ☐☐☐☐☐☐   生日 ☐☐☐☐☐☐☐

春节 ☐☐☐ ☐☐   中秋节 ☐☐☐☐☐☐☐ ☐☐☐

圣诞节 ☐☐☐☐☐☐☐ ☐☐☐

2 녹음을 듣고 들려주는 문장을 병음으로 적어 보세요. `MP3 1-75`

① _____

② _____

③ _____

④ _____

3 녹음에서 들려주는 대화를 듣고 빈 칸을 중국어로 채워 보세요. `MP3 1-76`

① 今天是_____月_____号, 星期_____。

② 明天是_____月_____号, 星期_____。

4 부모님과 자신의 생일에 대해 말해 보세요.

我爸爸的生日是_____月_____号, 星期_____。

我妈妈的生日是_____月_____号, 星期_____。

我的生日是_____月_____号, 星期_____。

중국문화

중국의 주요 명절 및 기념일

▲ 주요 명절

Yuándàn 元旦	1월 1일	'元'은 '첫', '旦'은 '날'이라는 뜻으로 우리나라의 양력 설과 같은 날입니다.
Chūn Jié 春节	음력 1월 1일	중국 최대의 명절로 우리나라의 음력설에 해당하며 보통 7일 정도의 연휴기간을 갖습니다.(법정 공휴일 3일)
Yuánxiāo Jié 元宵节	음력 1월 15일	우리나라의 정월대보름에 해당합니다. 달 구경을 하며 갖가지 소를 넣은 찹쌀경단을 빚어 먹습니다.
Qīngmíng Jié 清明节	4월 5일 전후	24절기의 하나이며 주로 조상의 묘를 찾아 벌초나 성묘를 합니다.
Duānwǔ Jié 端午节	음력 5월 5일	중국인들은 단오절에 시인 굴원(屈原)의 넋을 기리는 의미에서 용선경기(龙舟竞赛)를 열고 대나무 잎에 찹쌀밥을 넣어 쪄낸 쫑즈(棕子)를 먹습니다.
Zhōngqiū Jié 中秋节	음력 8월 15일	우리나라의 추석에 해당하며 보름달을 닮은 월병(月饼)을 만들어 가족, 친지들과 나누어 먹습니다.

▲ 주요 기념일

Fùnǚ Jié 妇女节	3월 8일	여성의 날. 여성 직원들은 오전 근무만 합니다.
Láodòng Jié 劳动节	5월 1일	노동자의 날. 중국에서는 중요한 기념일로 3일을 쉽니다.
Értóng Jié 儿童节	6월 1일	아동의 날로 우리나라의 어린이 날(5월 5일)에 해당합니다. 만 13세 이하의 어린이는 하루를 쉽니다.
Guóqìng Jié 国庆节	10월 1일	신중국 건국 기념일. 춘절과 마찬가지로 성대한 기념 행사와 함께 7일을 연이어 쉽니다.(법정 공휴일 3일)

1과-6과
복습하기 I

다음 단어를 체크하며 빈칸에 병음과 성조를 채워 보세요.

1과

- ☐ 零 ㊄ 0
- ☐ 一 ㊄ 1
- ☐ 二 ㊄ 2
- ☐ 三 ㊄ 3
- ☐ 四 ㊄ 4
- ☐ 五 ㊄ 5
- ☐ 六 ㊄ 6
- ☐ 七 ㊄ 7
- ☐ 八 ㊄ 8
- ☐ 九 ㊄ 9
- ☐ 十 ㊄ 10
- ☐ 谢谢 　감사합니다
- ☐ 不客气 　천만에요, 별말씀을요
- ☐ 对不起 　미안합니다, 죄송합니다
- ☐ 没关系 　괜찮습니다

2과

- ☐ 你 ㊚ 너
- ☐ 好 ㊛ 좋다
- ☐ 老师 ㊙ 선생님
- ☐ 你们 ㊚ 너희들
- ☐ 见 ㊘ 만나다, 보다
- ☐ 再见 ㊘ 안녕, 다시 만나요
- ☐ 明天 ㊙ 내일

3과

- ☐ 叫 ㊘ ~라고 불리다
- ☐ 什么 ㊚ 무엇
- ☐ 名字 ㊙ 이름
- ☐ 我 ㊚ 나
- ☐ 姓 ㊙ 이름의 성
- ☐ 贵姓 　상대방을 높여 성함을 물어볼 때의 존칭

- [ ] 是 　　　 동 ~이다
- [ ] 哪 　　　 대 어느
- [ ] 国 　　　 명 나라
- [ ] 人 　　　 명 사람
- [ ] 韩国 　　　 고유 한국

4과

- [ ] 认识 　　　 동 알다
- [ ] 很 　　　 부 매우
- [ ] 高兴 　　　 형 기쁘다
- [ ] 也 　　　 부 ~도, 또한
- [ ] 多 　　　 부 얼마나
- [ ] 大 　　　 형 크다
- [ ] 岁 　　　 양 살, 세 (나이를 세는 단위)
- [ ] 大学生 　　　 명 대학생
- [ ] 吗 　　　 조 의문형 어기조사

5과

- [ ] 有 　　　 동 있다
- [ ] 几 　　　 수 몇 (주로 10이하의 적은 수)
- [ ] 口 　　　 양 명 (식구를 세는 단위)
- [ ] 家 　　　 명 집
- [ ] 都 　　　 부 모두
- [ ] 爸爸 　　　 명 아빠
- [ ] 妈妈 　　　 명 엄마
- [ ] 弟弟 　　　 명 남동생
- [ ] 和 　　　 접 ~와
- [ ] 工作 　　　 명 일
- [ ] 公司 　　　 명 회사
- [ ] 职员 　　　 명 직원

6과

- [ ] 今天 　　　 명 오늘
- [ ] 星期 　　　 명 요일, 주
- [ ] 考试 　　　 명 시험
- [ ] 不 　　　 부 동사 앞에서 부정을 나타냄
- [ ] 的 　　　 조 ~의 (소유, 소속을 나타냄)
- [ ] 生日 　　　 명 생일
- [ ] 月 　　　 명 월
- [ ] 号 　　　 명 일

1과-6과
복습하기 I

다음 병음과 한자를 소리내어 읽으며 기본 표현을 다시 한번 익혀보세요.

1과

병음을 보고 한자와 한글 뜻 생각하기

Xièxie.

Duìbuqǐ.

한자를 보고 병음과 한글 뜻 생각하기

谢谢。

对不起。

2과

병음을 보고 한자와 한글 뜻 생각하기

Nǐ hǎo!

Lǎoshī hǎo!

Zàijiàn!

한자를 보고 병음과 한글 뜻 생각하기

你好！

老师好！

再见！

3과

병음을 보고 한자와 한글 뜻 생각하기

Nín guìxìng?

Nǐ jiào shénme míngzi?

Nǐ shì nǎ guó rén?

한자를 보고 병음과 한글 뜻 생각하기

您贵姓？

你叫什么名字？

你是哪国人？

4과

병음을 보고 한자와 한글 뜻 생각하기

Rènshi nǐ, hěn gāoxìng.

Nǐ duō dà?

Nǐ shì dàxuéshēng ma?

한자를 보고 병음과 한글 뜻 생각하기

认识你，很高兴。

你多大？

你是大学生吗？

5과

병음을 보고 한자와 한글 뜻 생각하기

Nǐ jiā yǒu jǐ kǒu rén?

Nǐ jiā dōu yǒu shénme rén?

Nǐ bàba zuò shénme gōngzuò?

한자를 보고 병음과 한글 뜻 생각하기

你家有几口人？

你家都有什么人？

你爸爸做什么工作？

6과

병음을 보고 한자와 한글 뜻 생각하기

Jīntiān xīngqī jǐ?

Kǎoshì shì bu shì xīngqīsān?

Nǐ de shēngrì shì jǐ yuè jǐ hào?

한자를 보고 병음과 한글 뜻 생각하기

今天星期几？

考试是不是星期三？

你的生日是几月几号？

1과-6과
복습하기 I

핵심표현

다음 보기에서 알맞은 한자를 찾아 문장을 완성해 보세요.

1과

보기	不　　谢　　对　　没

① ____ 不起。　　　　　　미안합니다. 죄송합니다.
② ____ 关系。　　　　　　괜찮습니다.
③ ____ 谢。　　　　　　　감사합니다.
④ ____ 客气。　　　　　　천만에요.

2과

보기	明天　　您　　们　　再

① ____ 好！　　　　　　　안녕하세요?
② 你 ____ 好！　　　　　　애들아, 안녕?
③ ____ 见！　　　　　　　안녕. 또 만나요.
④ ____ 见！　　　　　　　안녕. 내일 보자.

3과

보기	叫　　贵姓　　哪　　名字

① 您 ____ ?　　　　　　　성함이 어떻게 되십니까?

② 你叫什么　　　？　　　　　　이름이 뭐예요?

③ 我姓王，　　　王明。　　　　성은 왕이고, 왕밍이라고 합니다.

④ 你是　　　国人？　　　　　　당신은 어느 나라 사람입니까?

4과

| 보기 | 也　　都　　多　　很 |

① 认识你，　　　高兴。　　　　알게 되어 기쁩니다.

② 你　　　大？　　　　　　　　나이가 어떻게 되세요?

③ 我　　　是二十二岁。　　　　저도 22살입니다.

④ 我们　　　是大学生。　　　　우리는 모두 대학생입니다.

5과

| 보기 | 和　　什么　　做　　口 |

① 你家有几　　　人？　　　　　가족이 몇 명입니까?

② 你家都有　　　人？　　　　　가족이 어떻게 되세요?

③ 爸爸、妈妈、妹妹　　　我。　아빠, 엄마, 여동생 그리고 저입니다.

④ 你爸爸　　　什么工作？　　　네 아버지는 무슨 일을 하시니?

6과

| 보기 | 号　　日　　几　　的　　是不是 |

① 今天星期　　　？　　　　　　오늘은 무슨 요일입니까?

② 考试　　　星期三？　　　　　시험이 수요일 아닌가요?

③ 你　　　生日是几月几　　　？　너의 생일은 몇 월 며칠이니?

④ 明天是星期　　　吗？　　　　내일이 일요일인가요?

07

Xiànzài jǐ diǎn?
现在几点?

지금 몇 시인가요?

학습 목표

- 시각을 묻고 대답할 수 있다.
- 행위의 발생시각을 묻고 대답할 수 있다.

기본표현

- Xiànzài jǐ diǎn?
  现在几点?

- Jīntiān nǐ jǐ diǎn shàngkè?
  今天你几点上课?

- Yìqǐ chī wǎnfàn, zěnmeyàng?
  一起吃晚饭，怎么样?

워밍업 1

1 녹음에서 들려주는 발음과 일치하는 것을 고르세요. `MP3 2-01`

① dián   tián   diǎn   tiǎn
② fēn   pēn   bēn   dēn
③ xiānzài xuànzài xiànzài xuánzài
④ yǐqī   yìqǐ   yíqì   yīqǐ

2 녹음에서 들려주는 내용과 일치하는 그림을 고르세요. `MP3 2-02`

①  ②  ③

워밍업 2

1 아래의 문장을 듣고 큰 소리로 여러 번 따라 읽어 보세요. MP3 2-03

Xiànzài jǐ diǎn?
现在几点?

Xiànzài bā diǎn shí fēn.
现在八点十分。

Jīntiān nǐ jǐ diǎn shàngkè?
今天你几点上课?

Jīntiān wǒ liù diǎn xiàkè.
今天我六点下课。

Zánmen yìqǐ chī wǎnfàn, zěnmeyàng?
咱们一起吃晚饭，怎么样?

본문회화 1

🔵 진수와 천리리가 시간을 묻고 답하는 대화입니다. MP3 2-04

朴真秀: Xiànzài jǐ diǎn?
现在几点?

陈丽丽: Jiǔ diǎn sìshí fēn.
九点四十分①。

朴真秀: Jīntiān nǐ jǐ diǎn shàngkè?
今天你几点上课②?

陈丽丽: Wǒ shí diǎn shàngkè.
我十点上课。

교체연습

① 三刻 sān kè
半 bàn

② 起床 qǐchuáng
睡觉 shuìjiào

단어 MP3 2-05

现在 xiànzài 명 지금 | 点 diǎn 명 시 | 分 fēn 명 분 | 上课 shàngkè 동 수업을 듣다, 강의를 듣다

연습단어

刻 kè 양 시간단위 (15분을 '一刻'라고 함) | 半 bàn 수 반, 절반 | 起床 qǐchuáng 동 일어나다 | 睡觉 shuìjiào 동 잠자다

핵심 표현 1

01 九点四十分

시각을 표현하는 방법입니다.

yī diǎn shí fēn
一 点 十 分
1 시 10 분

10분 미만의 경우, 숫자 앞에 零을 덧붙여 '零一分'(1분), '零九分'(9분) 등과 같이 표현하기도 합니다. '零'을 붙인 10분 미만의 분침과 10분 이상의 분침 표현에서는 '分'을 생략할 수 있습니다.

'15분', '30분', '45분'은 다음과 같이 간결하게 표현할 수 있습니다.

yí kè 　　　　bàn 　　　　sān kè
一刻(十五分)　半(三十分)　三刻(四十五分)

02 我十点上课。

어떠한 행위의 발생 시각을 표현하는 방법입니다.

행위자 + 발생시각 + 행위

Wǒ　shí diǎn　shàngkè.
我　十点　上课。
나는　10시에　수업이 있습니다.

1. 그림을 보고 시각을 말해 보세요.

①  ②  ③

본문회화 2

🔊 희진이와 왕밍이 저녁식사 약속을 하는 대화입니다. MP3 2-06

金喜珍 Zánmen yìqǐ chī wǎnfàn, zěnmeyàng?
　　　　咱们一起吃晚饭③，怎么样？

王　明 Hǎo. Jǐ diǎn jiànmiàn?
　　　　好。几点见面？

金喜珍 Jīntiān wǒ wǔ diǎn bàn xiàkè.
　　　　今天我五点半下课。

　　　　Zánmen Liù diǎn jiànmiàn ba.
　　　　咱们六点见面④吧。

王　明 Hǎo. Liù diǎn jiàn!
　　　　好。六点见！

교체연습

③ 看电影 kàn diànyǐng
　 喝咖啡 hē kāfēi

④ 走 zǒu
　 回家 huíjiā

단어 MP3 2-07

咱们 zánmen 대 우리 | 一起 yìqǐ 부 함께 | 吃 chī 동 먹다 | 晚饭 wǎnfàn 명 저녁식사 | 怎么样 zěnmeyàng 대 어떠하다 | 见面 jiànmiàn 동 만나다 | 下课 xiàkè 동 수업이 끝나다

연습단어 看 kàn 동 보다 | 电影 diànyǐng 명 영화 | 喝 hē 동 마시다 | 咖啡 kāfēi 명 커피 | 走 zǒu 동 걷다, 떠나다, 가다 | 回家 huíjiā 동 귀가하다, 집으로 돌아가다

핵심 표현 2

01 咱们一起吃晚饭，怎么样?

상대방의 동의를 구할 때 '～，怎么样?'이라는 표현을 사용합니다. 먼저 묻고 싶은 내용을 말한 다음 '怎么样'을 덧붙여 의견을 묻습니다.

Zánmen yìqǐ chī wǔfàn, zěnmeyàng?
咱们一起吃午饭，怎么样?   우리 함께 점심 먹는 게 어때?

Zánmen yìqǐ kàn diànshì, zěnmeyàng?
咱们一起看电视，怎么样?   우리 함께 텔레비전 보는 게 어때?

* 午饭 wǔfàn 점심식사 | 电视 diànshì 텔레비전

02 咱们六点见面吧。

상대방에게 부탁·제의·청유·명령 등의 어감을 가진 의사표현을 할 경우, 문장의 끝에 '吧'를 사용합니다.

Zánmen zǒu ba.
咱们走吧。   우리 가자.

Zánmen shàngkè ba.
咱们上课吧。   우리 수업합시다.

표현연습

1. 다음 문장 끝에 **怎么样** 과 **吧** 를 사용하여 문장을 만들어 보세요.

① 今天咱们一起吃午饭。
→ _____
→ _____

② 今天咱们一起看电视。
→ _____
→ _____

실력 다지기

1 다음 항공시간표를 보고 각 항공편의 출발시각과 도착시각을 중국어로 말해 보세요.

출발도시	출발시간	도착도시	도착시간
인천(KE303)	09:30	베이징	10:30
인천(OZ112)	14:15	상하이	15:05
부산(CA512)	15:45	칭다오	16:25
부산(CX417)	17:10	홍콩	19:40

2 그림을 보고 질문에 알맞은 대답을 적어 보세요.

a: 今天你几点上课?

b: 今天我_____

a: 今天你几点下课?

b: 今天我_____

3 다음 그림을 보며 하루 일과를 말해 보세요.

* 看书 kànshū 책을 보다 | 上午 shàngwǔ 오전
中午 zhōngwǔ 정오 | 晚上 wǎnshang 저녁

4 그림을 보며 다음 대화문의 빈칸에 알맞은 표현을 넣어 대화해 보세요.

①  ②  ③  ④

a: 现在几点?

b: _____

a: 咱们一起_____, 怎么样?

b: 好。

＊学习 xuéxí 공부(하다)

5 녹음을 듣고 들려주는 문장을 병음으로 적어 보세요. MP3 2-08

① _____

② _____

③ _____

④ _____

6 녹음을 듣고 자신의 상황에 맞춰 한자로 대답을 적어 보세요. MP3 2-09

① _____

② _____

③ _____

④ _____

실전연습문제

1 녹음을 듣고 들려주는 내용과 그림이 같으면 O, 다르면 X를 표시하세요. `MP3 2-10`

①  ②  ③  ④

☐ ☐ ☐ ☐

2 녹음을 듣고 질문에 알맞은 답을 고르세요. `MP3 2-11`

① 问: 小金四点做什么?

   A 吃饭　　　　B 下课　　　　C 回家

② 问: 小王今天几点上课?

   A 八点　　　　B 十点　　　　C 十一点

3 관련이 가장 깊은 것끼리 연결해 보세요.

① 今天几号?　　　　・　　　　・　A 七点半。
② 现在几点?　　　　・　　　　・　B 我九点上课。
③ 明天星期几?　　　・　　　　・　C 二十八号。
④ 你几点上课?　　　・　　　　・　D 六点见面吧。
⑤ 咱们几点见面?　　・　　　　・　E 星期五。

해음(谐音)현상과 중국문화

한국인들은 숫자 4의 발음이 죽음을 의미하는 한자 '四'와 같아서 4를 싫어합니다. 중국어에서도 이처럼 한자의 음이 같거나 유사하여 다른 글자이지만 같은 이미지를 연상하게 하는 현상을 '해음(谐音)'이라고 부릅니다. 한국어보다 발음 수가 적은 현대중국어는 같은 발음을 가진 글자가 매우 많아서 해음현상도 다량 존재하지요. 이러한 해음현상과 연관된 표현을 알아두는 것이 중국사회를 이해하는 데 도움이 될 것입니다.

▲ 좋아하는 숫자

숫자 8(八, bā)은 '돈을 벌다'(发财, fācái)라는 말에서 첫 글자 '发'의 발음과 유사하여 중국인들이 가장 좋아하는 숫자입니다. 2008년 베이징 올림픽 개막식을 8월 8일 저녁 8시에 진행한 이유도 바로 이것 때문이지요. 이외에도 6(六, liù)은 막힘이 없음(流利, liúlì)을 의미하는 말의 '流'와 발음이 유사하고, 9(九, jiǔ)는 영원하다(永久, yǒngjiǔ)를 의미하는 말의 '久'와 발음이 같아 중국인들이 좋아합니다.

▲ 싫어하는 숫자

4나 7은 중국인들이 기피하는 숫자입니다. 4(四, sì)는 '죽다'(死, sǐ)와 발음이 유사하고, 7은(七, qī) '화나다'(生气, shēngqì)의 '气'와 발음이 유사하기 때문입니다.

▲ 금기시 되는 선물

해음현상 때문에 중국인들이 금기시 하는 선물도 있습니다. 과거 한국에서는 개업식 때 흔히 괘종시계를 선물하였으나 중국에서는 괘종시계를 절대로 선물하지 않습니다. '괘종시계를 선물하다'(送钟, sòngzhōng)라는 말과 '장례를 치르다'(送终, sòngzhōng)라는 말의 발음이 같기 때문입니다.

그 밖에 손목시계(表, biǎo)의 발음과 매춘부(婊, biǎo)의 발음이 똑같고, 거북이(龟, guī)의 발음과 귀신(鬼, guǐ)의 발음이 유사하며, 배(梨, lí)와 떠나가다(离, lí)의 발음이 똑같습니다. 우산(伞, sǎn)의 발음과 흩어지다(散, sàn)의 발음이 역시 비슷해서 시계, 거북이, 배, 우산 등은 일반적으로 선물하지 않습니다.

* 설날에 중국인들이 대문에 거꾸로 붙이는 '복'(福, fú)자 역시 해음현상과 관련이 있습니다. '복이 거꾸로 되다'(倒福, dàofú)의 발음은 '복이 오다'(到福, dàofú)와 같습니다. 즉, '복'자를 거꾸로 붙여놓고 복이 오기를 바라는 마음이 담겨있는 것이지요.

08

Zuìjìn zěnmeyàng?
最近怎么样?

요즘 어떻게 지내요?

학습 목표

- 안부를 묻고 대답할 수 있다.
- 행선지를 묻고 답할 수 있다.

기본표현

- Nǐ zuìjìn zěnmeyàng?
  你最近怎么样?

- Nǐ qù nǎr?
  你去哪儿?

- Wǒ qù túshūguǎn.
  我去图书馆。

워밍업 1

1 녹음에서 들려주는 발음과 일치하는 것을 고르세요. MP3 2-12

① shuìjin   suìjin   chuìjìn   zuìjìn

② mán   máng   māng   mān

③ zěnmeyàng   shénmeyàng   shěnmeyàng   zénmeyàng

④ dài   tǎi   dǎi   tài

2 녹음에서 들려주는 내용과 일치하는 그림을 고르세요. MP3 2-13

워밍업2

1 아래의 문장을 듣고 큰소리로 여러 번 따라 읽어 보세요. MP3 2-14

Nín hǎo ma?
您好吗?

Nǐ zuìjìn zěnmeyàng?
你最近怎么样?

Tài máng le.
太忙了。

Nǐ qù nǎr?
你去哪儿?

Wǒ qù túshūguǎn.
我去图书馆。

본문 회화 1

🎧 교수님과 진수가 서로의 안부를 묻는 대화입니다. MP3 2-15

朴真秀: Zhào lǎoshī, nín hǎo ma?
赵老师，您好吗?

赵老师: Hěn hǎo. Nǐ zuìjìn zěnmeyàng?
很好。你最近①怎么样?

朴真秀: Tài máng le.
太忙②了。

赵老师: Máng shénme ne?
忙什么呢?

朴真秀: Nín de Hànyǔ kè zuòyè tài duō.
您的汉语课作业太多。

교체연습

① 身体 shēntǐ
　 家人 jiārén

② 累 lèi
　 高兴 gāoxìng

단어 MP3 2-16

最近 zuìjìn 명 최근, 요즘 | 太 tài 부 지나치게, 너무 | 忙 máng 형 바쁘다 | 呢 ne 조 어기조사(의문문 끝에 사용)
汉语 Hànyǔ 명 중국어 | 课 kè 명 수업, 강의 | 作业 zuòyè 명 숙제, 과제 | 多 duō 형 많다

연습단어 身体 shēntǐ 명 신체, 건강 | 家人 jiārén 명 가족 | 累 lèi 형 힘들다, 피곤하다

핵심 표현 1

01 您好吗? / 您最近怎么样?

서로 알고 지내는 사이에서 나누는 인사입니다.

Nín(Nǐ) hǎo! 您(你)好！	처음 만난 사람에게 하는 인사. '안녕하세요?'
Nín(Nǐ) hǎo ma? 您(你)好吗?	알고 지내는 사람에게 하는 인사. '안녕하셨어요?', '잘 지내셨어요?'
Nín(Nǐ) zuìjìn zěnmeyàng? 您(你)最近怎么样?	알고 지내는 사람에게 하는 인사. '요즘 어때요?' → '요즘 어떻게 지내세요?'
Nín(Nǐ) zuìjìn guò de zěnmeyàng? 您(你)最近过得怎么样?	위의 표현에 '지내다(过得)'라는 표현을 넣으면 '요즘 어떻게 지내세요?'

02 太忙了。

'지나치게(매우/너무/대단히) ~하다'라는 표현입니다. '太'와 호응하여 붙는 '了'는 생략할 수 있습니다.

太 + 형용사/동사 + (了)

Tài dà le.
太大了。   너무 크다.

*了 le 어기조사

표현연습

1. 다음 빈 칸에 들어갈 알맞은 인사말을 적어 보세요.

① a: _____   ② a: 你好吗?
   b: 你好！   b: _____

2. 다음 주어진 단어를 사용하여 문장을 완성하세요.

大　　多　　小　　少

① 太___了。 太___了。   ② 太___了。 太___了。

*少 shǎo 적다 | 小 xiǎo 작다

본문회화 2

🌀 철수와 중국인 친구 왕밍이 서로의 목적지를 묻는 대화입니다.

MP3 2-17

陈丽丽: Xiǎo Wáng, nǐ qù nǎr?
小王，你去哪儿？

王明: Wǒ qù túshūguǎn.
我去图书馆③。

Nǐ huíjiā ma?
你回家①吗？

陈丽丽: Wǒ bù huíjiā, wǒ qù bàngōngshì.
我不回家，我去办公室。

교체연습

③ 食堂 shítáng
   邮局 yóujú

④ 宿舍 sùshè
   教室 jiàoshì

단어 MP3 2-18

去 qù 동 가다 | 哪儿 nǎr 대 어디, 어느 곳 | 图书馆 túshūguǎn 명 도서관 | 回家 huíjiā 동 집으로 돌아가(오)다, 귀가하다 | 办公室 bàngōngshì 명 사무실

연습단어

食堂 shítáng 명 구내식당 | 邮局 yóujú 명 우체국 | 宿舍 sùshè 명 기숙사 | 教室 jiàoshì 명 교실

핵심 표현 2

01 你去哪儿?

장소를 물을 때 '哪儿'를 쓰며, 장소를 동사 뒤에 목적어로 출현시켜 표현합니다.

행위자 + 동사 + 장소

Nǐ qù nǎr?
你 去 哪儿?   너는 어디 가니?

Wǒ qù túshūguǎn.
我 去 图书馆。   나는 도서관에 간다.

Nǐ zài nǎr?
你 在 哪儿?   너는 어디 있니?

Wǒ zài sùshè
我 在 宿舍。   나는 기숙사에 있다.

*在 zài 있다

'哪儿'은 '哪里'라고도 표현하며 주어와 관형어로도 사용됩니다.

Nǎr bù shūfu?
哪儿不舒服?   어디가 불편하니?

Nǐ shì nǎli rén?
你是哪里人?   너는 어디 사람이니?

*舒服 shūfu 편안하다

표현연습

1. 다음 그림을 보고 알맞은 대답을 해보세요.

①
他去哪儿?

②
她在哪儿?

③
老师在哪儿?

실력 다지기

1 다음 보기에 제시된 단어를 활용해 很과 太…(了) 를 사용하여 대답해 보세요.

| 보기 | 忙　　高兴　　累　　好 |

a: 你最近怎么样?
b: _____

2 다음 그림을 보며 관련있는 문장을 찾아 보세요.

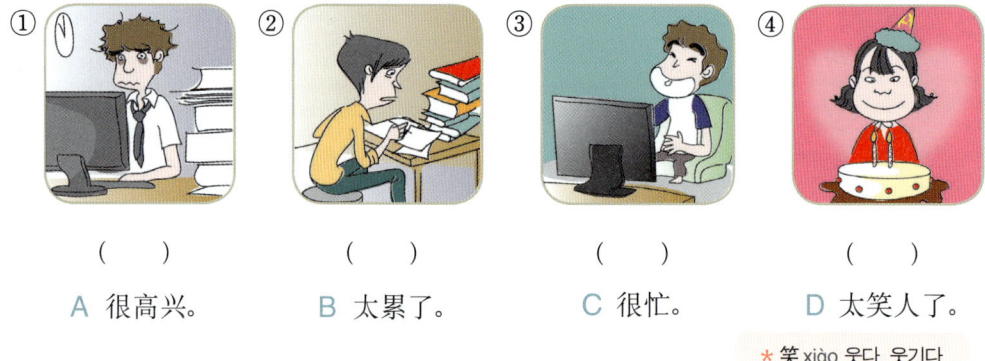

( )　　　　( )　　　　( )　　　　( )

A 很高兴。　　B 太累了。　　C 很忙。　　D 太笑人了。

＊笑 xiào 웃다. 웃기다

3 사진을 보고 목적지를 묻고 대답해 보세요.

a: 你去哪儿?
b: _____

xǐshǒujiān　　chāoshì　　kāfēitīng　　fànguǎn
洗手间　　　超市　　　咖啡厅　　　饭馆

4 다음 대화문을 완성하세요.

a: 老师，_____?

b: 好。你最近_____?

a: 很忙。

b: _____?

a: 作业_____。您去办公室吗?

b: 我_____，我回家。

a: 明天见!

b: _____！

5 녹음을 듣고 들려주는 문장을 병음으로 적어 보세요. MP3 2-19

① _____

② _____

③ _____

④ _____

6 녹음을 듣고 자신의 상황에 맞춰 한자로 대답을 적어 보세요. MP3 2-20

① _____

② _____

③ _____

④ _____

실전연습문제

1 녹음을 듣고 들려주는 내용과 그림이 같으면 O, 다르면 X를 표시하세요. MP3 2-21

①    ②    ③    ④

☐   ☐   ☐   ☐

2 녹음을 듣고 질문에 알맞은 답을 고르세요. MP3 2-22

① 问: 小金忙什么?

　A 作业很多　　B 工作很多　　C 功课很多

* 功课 gōngkè 수업, 공부, 학과목

② 问: 小王去哪儿?

　A 图书馆　　B 宿舍　　C 办公室

3 관련이 가장 깊은 것끼리 연결해 보세요.

① 忙什么呢?　·　　　　·　A 很好。
② 您好吗?　·　　　　·　B 工作太多。
③ 他去哪儿?　·　　　　·　C 他在家。
④ 你回宿舍吗?　·　　　　·　D 不，我去食堂。
⑤ 他在哪儿?　·　　　　·　E 他去图书馆。

중국문화

중국인의 호칭법

중국인들은 상황에 따라 다양한 호칭법을 사용합니다. 우리나라와 마찬가지로 중국에서도 친구들끼리는 성을 빼고 이름만 부르는 것이 가장 일반적이지만 이외에도 여러가지 호칭법이 있습니다.

▲ 객관적인 호칭이 필요한 경우에는 '성'과 '이름'을 함께 부릅니다.

▲ 막 알게 된 사이에는 '성'과 '이름' 또는 '성' 뒤에 先生(xiānsheng, 선생님)/师傅(shīfu, 선생님, 아저씨)/小姐(xiǎojiě, 아가씨)/女士(nǚshì, 여사님) 등을 함께 부릅니다. 과거에는 同志(tóngzhì, 동지)를 사용하기도 하였으나 지금은 거의 사용하지 않습니다.

▲ 상대방을 높여 부르는 말로 '성' 뒤에 总(zǒng, 总经理(총책임자)의 준말)/经理(jīnglǐ, 사장, 책임자)/老师(lǎoshī, 선생님)/师母(shīmǔ, 사모님)/老板(lǎobǎn, 사장)/处长(chùzhǎng, 처장)/局长(júzhǎng, 국장) 등과 같은 사회적 지위를 함께 부릅니다.

▲ 친한 사이인 경우 이름만 부르기도 하고, '성' 앞에 老(Lǎo 자신보다 나이가 많은 사람에게 사용)/小(Xiǎo, 자신보다 나이가 적은 사람에게 사용)/胖(pàng, 뚱뚱한 사람에게 사용)/瘦(shòu, 마른 사람에게 사용) 등의 특징을 나타내는 단어를 함께 사용하여 친근함을 나타냅니다.

▲ 아주 친한 경우 아명이나 별명을 부르기도 합니다.

▲ 연인이나 자녀를 부를 경우에는 亲爱的(qīn'àide, 연인끼리 부르는 호칭)/宝贝儿(bǎobèir, 자식에게 부르는 호칭)과 같이 이름이 아닌 별도의 호칭을 사용합니다.

▲ 小姐(xiǎojiě, 아가씨)와 服务员(fúwùyuán, 종업원): 과거에는 식당이나 가게에서 일하는 여종업원을 '小姐'라고 불렀으나 최근에는 유흥업소의 여종업원을 의미하게 되면서 '服务员'이라는 호칭을 많이 사용합니다.

▲ 이외에 나이 많은 여성에게는 老大娘(lǎodàniáng, 할머님)/大妈(dàmā, 아주머님)/阿姨(āyí, 아주머니)/大姐(dàjiě, 큰 누님) 등을 사용하며, 나이 많은 남성에게는 老大爷(lǎodàye, 할아버님)/伯父(bófù, 큰 아버지/아저씨:부친보다 나이가 많은 경우)/大叔(dàshū, 큰 숙부/아저씨: 부친보다 나이가 적은 경우)/叔叔(shūshu, 숙부/아저씨: 부친보다 나이가 적은 경우 또는 아이들이 어른들을 일반적으로 부르는 호칭)/大哥(dàgē, 큰 형님) 등을 사용합니다.

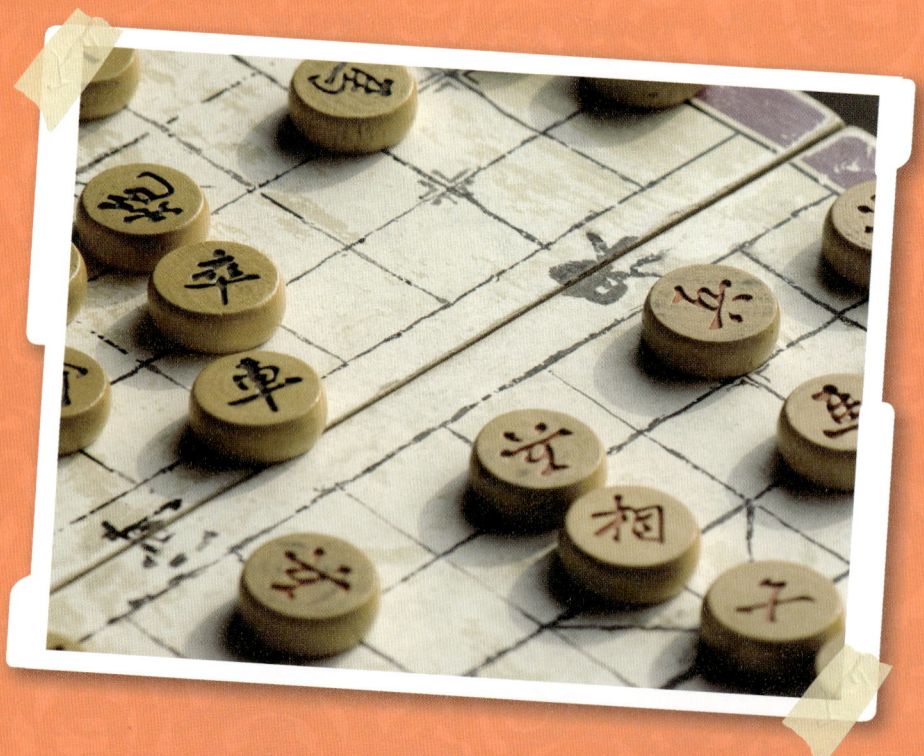

09

Nǐ de àihào shì shénme?
你的爱好是什么?

취미가 무엇인가요?

학습 목표

- 취미에 관해 묻고 대답할 수 있다.
- 대표적인 스포츠 종목을 중국어로 말할 수 있다.

기본표현

Nǐ de àihào shì shénme?
- 你的爱好是什么?

Wǒ fēicháng xǐhuan yùndòng.
- 我非常喜欢运动。

Wǒ bú tài xǐhuan. Nǐ ne?
- 我不太喜欢。你呢?

워밍업 1

1 녹음에서 들려주는 발음과 일치하는 것을 고르세요. `MP3 2-23`

① àihǎo　　àihào　　āihao　　āihào

② shénme　　sénme　　chénme　　zhénme

③ féixiáng　　féisháng　　fēicháng　　fēiqiáng

④ xǐhuan　　xíhuān　　xǐhuān　　xǐhuán

2 녹음에서 들려주는 내용과 일치하는 그림을 고르세요. `MP3 2-24`

워밍업 2

1 아래의 문장을 듣고 큰 소리로 여러 번 따라 읽어 보세요. MP3 2-25

Nǐ de àihào shì shénme?
你的爱好是什么?

1회 2회 3회

Nǐ xǐhuan shénme?
你喜欢什么?

Nǐ xǐhuan shénme yùndòng?
你喜欢什么运动?

Wǒ xǐhuan zúqiú.
我喜欢足球。

Wǒ bú tài xǐhuan. Nǐ ne?
我不太喜欢。你呢?

본문 회화 1

🎧 진수와 천리리가 서로의 취미를 묻는 대화입니다. MP3 2-26

朴真秀: Nǐ de àihào shì shénme?
你的爱好是什么?

陈丽丽: Wǒ de àihào shì tīng yīnyuè.
我的爱好是听音乐①。

Nǐ xǐhuan shénme?
你喜欢什么?

朴真秀: Wǒ······ Wǒ xǐhuan xuéxí!
我······ 我喜欢学习②!

교체연습

① 跳舞 tiàowǔ
   唱歌(儿) chànggē(r)

② 跑步 pǎobù
   上网 shàngwǎng

단어 MP3 2-27

爱好 àihào 몡 취미 | 听 tīng 동 듣다 | 音乐 yīnyuè 몡 음악 | 喜欢 xǐhuan 동 좋아하다 | 学习 xuéxí 명동 학습(하다), 공부(하다)

연습단어 跳舞 tiàowǔ 동 춤을 추다 | 唱歌(儿) chànggē(r) 동 노래를 부르다 | 跑步 pǎobù 동 달리기하다 | 上网 shàngwǎng 동 인터넷을 하다

핵심 표현 1

01 你的爱好是什么?

취미를 이야기할 때 '나의 취미는 ~이다.'라고 직접적으로 표현하는 방식입니다.

Nǐ de àihào shì shénme?
你的爱好是什么？ 너의 취미는 무엇이니?

Wǒ de àihào shì kàn diànyǐng.
我的爱好是看电影。 나의 취미는 영화감상이야.

Wǒ de àihào shì zhàoxiàng.
我的爱好是照相。 나의 취미는 사진찍기야.

* 照相 zhàoxiàng 사진을 찍다

02 你喜欢什么?

취미나 기호를 이야기할 때 '나는 ~을 좋아한다.'로 표현하는 방식입니다.

Nǐ xǐhuan shéme?
你喜欢什么? 너는 무엇을 좋아하니?

Wǒ xǐhuan dúshū.
我喜欢读书。 나는 독서를 좋아해.

Wǒ xǐhuan yīnyuè.
我喜欢音乐 。 나는 음악을 좋아해.

* 读书 dúshū 독서하다

표현연습

1. 다음 그림을 보며 취미를 묻고 대답해 보세요.

①  ②  ③

본문회화 2

🎧 왕밍과 희진이가 운동에 대해 나누는 대화입니다. MP3 2-28

王明　Nǐ xǐhuan yùndòng ma?
　　　你喜欢运动③吗?

金喜珍　Wǒ bú tài xǐhuan. Nǐ ne?
　　　　我不太喜欢。你呢?

王明　Wǒ fēicháng xǐhuan yùndòng.
　　　我非常喜欢运动。

金喜珍　Shì ma? Nǐ xǐhuan shénme yùndòng?
　　　　是吗? 你喜欢什么运动?

王明　Zúqiú、bàngqiú、lánqiú wǒ dōu hěn xǐhuan.
　　　足球、棒球、篮球④我都很喜欢。

교체연습

③ 旅游 lǚyóu
　爬山 páshān

④ 网球 wǎngqiú
　羽毛球 yǔmáoqiú
　乒乓球 pīngpāngqiú

단어 MP3 2-29

运动 yùndòng 명 운동 | 太 tài 부 (앞에 不와 함께 쓰여) 별로, 그다지 | 非常 fēicháng 부 매우, 대단히 | 足球 zúqiú 명 축구 | 棒球 bàngqiú 명 야구 | 篮球 lánqiú 명 농구

연습단어　旅游 lǚyóu 동 여행하다 | 爬山 páshān 동 등산하다 | 网球 wǎngqiú 명 테니스 | 羽毛球 yǔmáoqiú 명 배드민턴 | 乒乓球 pīngpāngqiú 명 탁구

핵심 표현 2

01 我不太喜欢。你呢?

주어격 명사 다음에 바로 '呢'가 올 경우, '주어+怎么样?'과 같은 의미입니다.

> Wǒ xǐhuan yóuyǒng, nǐ ne?
> 我喜欢游泳，你呢?   나는 수영을 좋아해, 너는 어떠니?
>
> Wǒ bú tài xǐhuan huáxuě, nǐ ne?
> 我不太喜欢滑雪，你呢?   나는 스키를 좋아하지 않아, 너는 어떠니?

* 游泳 yóuyǒng 수영(하다) | 滑雪 huáxuě 스키(타다)

02 我非常喜欢运动。

'非常'은 '很', '太'와 마찬가지로 술어의 정도를 나타내는 부사입니다. 이 단어들 외에 '十分(shífēn)', '挺(tǐng)'도 같은 의미로 자주 쓰이는 표현입니다.

> Fēicháng piàoliang.
> 非常漂亮。   매우 아름답다.
>
> Shífēn yǒuyìsi.
> 十分有意思。   무척 재미있다.
>
> Tǐng hǎo.
> 挺好。   아주 좋다.

* 有意思 yǒuyìsi 재미있다 | 漂亮 piàoliang 아름답다

표현연습

1. 그림을 보고 밑줄 친 곳에 알맞은 운동종목을 넣어 대화해 보세요.

①    ②    ③

a: 我非常喜欢_____。你呢?
b: 我不太喜欢_____。

실력 다지기

1 다음 그림을 보고 운동종목을 중국어로 적어 보세요.

① _____ ② _____ ③ _____ ④ _____

2 다음 그림을 보며 취미를 묻고 대답해 보세요.

3 다음 밑줄 친 부분을 긍정형은 부정형으로, 부정형은 긍정형으로 바꿔 보세요.

① 他<u>非常</u>喜欢运动。　→　_____

② 她<u>不喜欢</u>听音乐。　→　_____

③ 滑雪、滑冰，我都<u>很喜欢</u>。　→　_____

④ 我姐姐<u>不太喜欢</u>跑步。　→　_____

* 滑冰 huábīng 스케이트(타다)

4 다음 대답에 알맞은 질문을 적어 보세요.

① a: _____ b: 我的爱好是爬山。

② a: _____ b: 我喜欢旅游。

③ a: _____ b: 不，我不太喜欢音乐。你呢？

④ a: _____ b: 足球、棒球、篮球我都很喜欢。

5 녹음을 듣고 들려주는 문장을 병음으로 적어 보세요. MP3 2-30

① _____

② _____

③ _____

④ _____

6 녹음을 듣고 자신의 상황에 맞춰 한자로 대답을 적어 보세요. MP3 2-31

① _____

② _____

③ _____

④ _____

실전연습문제

1 녹음을 듣고 들려주는 내용과 그림이 같으면 O, 다르면 X를 표시하세요. MP3 2-32

①  ②  ③  ④

☐ ☐ ☐ ☐

2 녹음을 듣고 질문에 알맞은 답을 고르세요. MP3 2-33

① 问: 小金喜欢什么?

   A 运动　　　B 读书　　　C 听音乐

② 问: 小李的爱好是什么?

   A 棒球　　　B 篮球　　　C 游泳

3 관련이 가장 깊은 것끼리 연결해 보세요.

① 你喜欢旅游吗?　　　　　　A 他的爱好是爬山。
② 他也喜欢读书吗?　　　　　B 我也不喜欢。
③ 你喜欢什么运动?　　　　　C 我非常喜欢。
④ 我不太喜欢运动。　　　　　D 他不太喜欢读书。
⑤ 他的爱好是什么?　　　　　E 我喜欢网球。

중국인들이 즐기는 사회체육

중국에 가면 이른 아침이나 오후 즈음 공원이나 광장에 삼삼오오 모인 사람들이 태극권(太极拳, tàijíquán), 앙가무(秧歌舞, yānggēwǔ), 스포츠 댄스(交谊舞, jiāoyìwǔ) 등을 하고 있는 모습을 흔히 볼 수 있습니다. 우리와는 사뭇 다른 문화에 넋을 잃고 구경하게 되지요.

▲ **太极拳** 태극권은 중국의 전통적인 무술 중 하나입니다. 오늘날 공원이나 광장에서 일반인들이 연습하는 것은 대부분 24가지 동작으로 단순화시킨 것이며 중장년층과 외국인 유학생들도 쉽게 할 수 있는 운동입니다.

▲ **秧歌舞** 앙가무는 중국의 농촌에서 널리 유행하는 집단 가무의 일종으로 적게는 10여 명에서 많게는 100여명으로 구성된 팀이 역사 속 인물, 신화·전설 속의 인물, 현실 생활 속의 인물 등으로 분장하고 징이나 북으로 반주하며 추는 춤입니다. 최근에는 주로 장년, 노년층이 참여하며 농촌뿐만 아니라 도시에서도 활성화되어 많은 사람들이 참여하고 있습니다.

▲ **交谊舞** 스포츠 댄스와 같은 개념인 이 운동은 전문적으로 배울 경우 우리나라와 마찬가지로 실내 교습소에서 강습이 이루어지지만 중국에서는 실외에서 단체로 연습하는 광경도 흔히 볼 수 있습니다.

이외에 중국인들이 가장 좋아하는 구기 운동으로는 축구가 있지만 실제로 축구를 하는 사람은 많지 않고 주로 관전을 즐깁니다. 직접 참여하는 구기 운동 중 가장 인기있는 종목은 탁구와 배드민턴입니다. 대학교 내의 실내경기장을 비롯하여 지역마다 세워진 실내경기장에는 실제로 탁구와 배드민턴을 하는 사람들로 가득한 것을 볼 수 있지요. 최근 도시에서는 실내수영장도 많이 신설되어 수영을 즐기는 사람들도 점차 늘어나고 있는 추세입니다.

앙가무《秧歌舞》

10

Xuéxiào lǐbian yǒu méiyǒu yínháng?
学校里边有没有银行?

학교 안에 은행이 있나요?

학습 목표

- 장소와 위치를 묻고 답할 수 있다.
- 방위관련 어휘를 익힌다.

기본표현

- Xuéxiào lǐbian yǒu méiyǒu yínháng?
  学校里边有没有银行?

- Bàngōnglóu zài túshūguǎn yòubian.
  办公楼在图书馆右边。

- Yínháng zài jǐ lóu?
  银行在几楼?

워밍업 1

1 녹음에서 들려주는 발음과 일치하는 것을 고르세요.   MP3 2-34

① lǐbian   líbian   lǐbiàn   líbiān

② yǐnháng   yínháng   yǐnghǎng   yínghang

③ xuěxiào   xuēxiào   xuéxiào   xuéxiāo

④ méiyóu   mèiyǒu   měiyóu   méiyǒu

2 녹음에서 들려주는 내용과 일치하는 그림을 고르세요. MP3 2-35

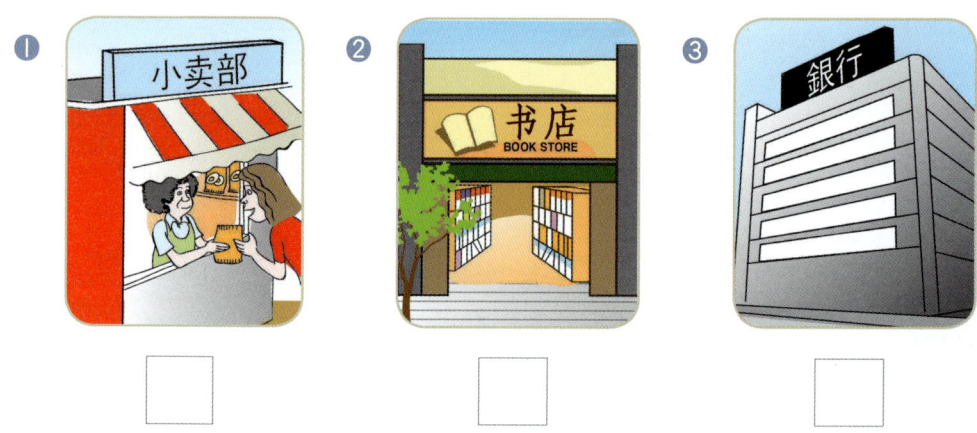

워밍업 2

1 아래의 문장을 듣고 큰 소리로 여러 번 따라 읽어 보세요. MP3 2-36

Xuéxiào lǐbian yǒu méiyǒu yínháng?
学校里边有没有银行?

1회 2회 3회

Nàli méiyǒu yínháng.
那里没有银行。

Bàngōnglóu zài túshūguǎn yòubian.
办公楼在图书馆右边。

Yínháng zài bàngōnglóu lǐbian, duì bu duì?
银行在办公楼里边, 对不对?

Yínháng zài jǐ lóu?
银行在几楼?

본문회화 1

왕밍이 희진이에게 학교 안에 은행이 있는지 묻는 대화입니다.

MP3 2-37

Xuéxiào lǐbian yǒu méiyǒu yínháng?
王明 学校里边有没有银行①?

Yǒu.
金喜珍 有。

Nǎli yǒu? Túshūguǎn lǐbian yǒu ma?
王明 哪里有？图书馆里边有吗？

Nàli méiyǒu.
金喜珍 那里没有。

Bàngōnglóu lǐbian yǒu.
办公楼②里边有。

교체연습

① 食堂 shítáng
  书店 shūdiàn

② 宿舍楼 sùshèlóu
  教学楼 jiàoxuélóu

단어 MP3 2-38

学校 xuéxiào 명 학교 | 里边 lǐbian 명 안, 속 | 银行 yínháng 명 은행 | 哪里 nǎli 대 어디 | 那里 nàli 대 거기, 그곳 | 没有 méiyǒu 동 없다 | 楼 lóu 명 건물 | 办公楼 bàngōnglóu 명 사무실 건물

연습단어 书店 shūdiàn 명 서점 | 教学楼 jiàoxuélóu 명 강의실 건물

핵심 표현 1

01 学校里边有没有银行?

사물의 존재를 표현할 때 '有'를 사용하여 어떤 장소에 어떤 사람/사물이 있음을 나타냅니다.

> 장소 + 有 + 사람/사물
>
> Tǐyùguǎn lǐbian yǒu xiǎomàibù.
> **体育馆里边有小卖部。**　　체육관 안에 매점이 있다.
>
> Xiāngzi lǐ yǒu shū.
> **箱子里有书。**　　상자 안에 책이 있다.

의문형은 문장 끝에 '吗'를 붙이거나 사람/사물 앞에 '有没有'를 넣어 질문합니다.

> 장소 + 有 + 사람/사물 + 吗
>
> Tǐyùguǎn lǐbian yǒu xiǎomàibù ma?
> **体育馆里边有小卖部吗?**　　체육관 안에 매점이 있나요?
>
> Xiāngzi lǐ yǒu shū ma?
> **箱子里有书吗?**　　상자 안에 책이 있나요?

> 장소 + 有没有 + 사람/사물
>
> Tǐyùguǎn lǐbian yǒu méiyǒu xiǎomàibù?
> **体育馆里边有没有小卖部?**　　체육관 안에 매점이 있나요 없나요?
>
> Xiāngzi lǐ yǒu méiyǒu shū?
> **箱子里有没有书?**　　상자 안에 책이 있나요 없나요?

* 箱子 xiāngzi 상자 | 体育馆 tǐyùguǎn 체육관 | 小卖部 xiǎomàibù 매점

표현연습

1. 다음 문장을 두 가지 형식의 의문문으로 바꾸어 보세요.

① 箱子里有书。　　　　　　② 学校里边有礼堂。

→ _____　　　　→ _____

→ _____　　　　→ _____

* 礼堂 lǐtáng 강당

본문회화 2

왕밍이 희진이에게 은행의 자세한 위치를 묻는 대화입니다. MP3 2-39

王明: Bàngōnglóu zài túshūguǎn duìmiàn, duì bu duì?
办公楼在图书馆对面③，对不对？

金喜珍: Búduì, nà shì sùshèlóu.
不对，那是宿舍楼④。

Bàngōnglóu zài túshūguǎn yòubian.
办公楼在图书馆右边。

王明: Yínháng zài jǐ lóu?
银行在几楼？

金喜珍: Yī lóu.
一楼。

王明: Ò, zhīdào le.
哦，知道了。

교체연습

③ 左边 zuǒbian
　 前边 qiánbian

④ 体育馆 tǐyùguǎn
　 纪念馆 jìniànguǎn

단어 MP3 2-40

对面 duìmiàn 명 건너편 | 对 duì 형 맞다, 옳다 | 书店 shūdiàn 명 서점 | 右边 yòubian 명 오른쪽 | 宿舍楼 sùshèlóu 명 기숙사 건물 | 楼 lóu 명 층 | 哦 ò 감 아! | 知道 zhīdào 동 알다, 이해하다

연습단어

左边 zuǒbian 명 오른쪽 | 前边 qiánbian 명 앞 | 纪念馆 jìniànguǎn 명 기념관

핵심 표현 2

01 办公楼在图书馆右边。

사물의 존재를 나타내는 또 다른 표현으로는 '在'가 있습니다.

> 사람/사물 + 在 + 장소
>
> Bàngōnglóu zài túshūguǎn yòubian.
> **办公楼在图书馆右边。** 사무실 건물은 도서관 오른쪽에 있다.
>
> Shūdiàn zài túshūguǎn duìmiàn.
> **书店在图书馆对面。** 서점은 도서관 맞은편에 있다.
>
> Yóujú zài yínháng hòubian.
> **邮局在银行后边。** 우체국은 은행 뒷편에 있다.

방위를 나타내는 표현입니다.

앞쪽	뒤쪽	안	바깥	맞은편	옆
qiánbian	hòubian	lǐbian	wàibian	duìmiàn	pángbiān
前边	后边	里边	外边	对面	旁边

오른쪽	왼쪽	동쪽	서쪽	남쪽	북쪽
yòubian	zuǒbian	dōngbian	xībian	nánbian	běibian
右边	左边	东边	西边	南边	北边

표현연습

1. 그림을 보고 동서남북 방향을 사용하여 문장을 완성하세요.

① 食堂在图书馆_____。
② 教学楼在图书馆_____。
③ 宿舍在图书馆_____。
④ 体育馆在图书馆_____。

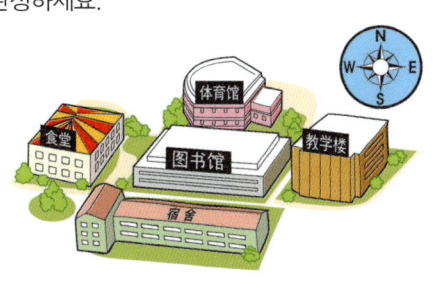

실력 다지기

1 다음 보기에서 알맞은 단어를 찾아 집을 기준으로 나무의 위치를 적어 보세요.

보기 前边   左边   里边   右边   后边

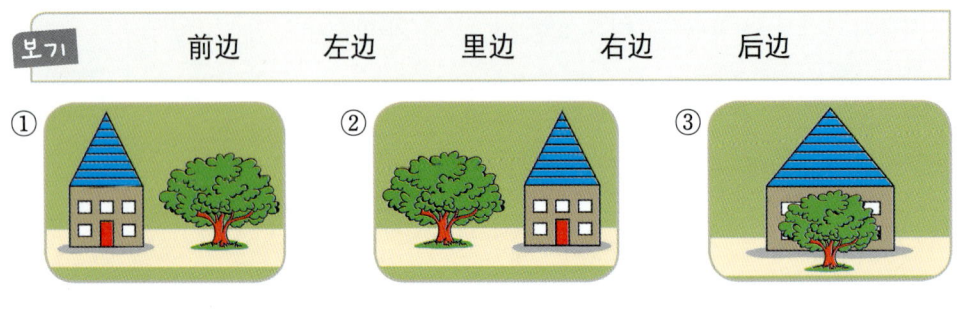

① _____   ② _____   ③ _____

2 그림을 보며 매점이 있는 곳을 찾아 대화문을 완성하세요.

a: 学校里边有没有小卖部?
b: _____
a: 哪里有?
b: _____
a: 在几楼?
b: _____

3 그림을 보며 빈 칸을 채워 학교 안 건물의 위치를 말해 보세요.

① _____ 在大礼堂左边。

② _____ 在大礼堂后边。

③ _____ 在大礼堂右边。

④ _____ 在大礼堂前边。

4 다음 대화문을 완성하세요.

a: 学校里边＿＿＿＿小卖部?

b: ＿＿。图书馆里边有。

a: 图书馆在礼堂旁边，＿＿＿＿?

b: ＿＿＿，＿＿＿体育馆。图书馆在礼堂对面。

a: 小卖部＿＿＿＿?

b: 一楼。

a: 哦，知道了。谢谢。

b: ＿＿＿＿＿＿。

5 녹음을 듣고 들려주는 문장을 병음으로 적어 보세요. MP3 2-41

① ＿＿＿＿＿＿＿＿＿＿＿＿＿＿＿＿＿＿＿＿＿＿＿＿＿

② ＿＿＿＿＿＿＿＿＿＿＿＿＿＿＿＿＿＿＿＿＿＿＿＿＿

③ ＿＿＿＿＿＿＿＿＿＿＿＿＿＿＿＿＿＿＿＿＿＿＿＿＿

④ ＿＿＿＿＿＿＿＿＿＿＿＿＿＿＿＿＿＿＿＿＿＿＿＿＿

6 녹음을 듣고 자신의 상황에 맞춰 한자로 대답을 적어 보세요. MP3 2-42

① ＿＿＿＿＿＿＿＿＿＿＿＿＿＿＿＿＿＿＿＿＿＿＿＿＿

② ＿＿＿＿＿＿＿＿＿＿＿＿＿＿＿＿＿＿＿＿＿＿＿＿＿

③ ＿＿＿＿＿＿＿＿＿＿＿＿＿＿＿＿＿＿＿＿＿＿＿＿＿

④ ＿＿＿＿＿＿＿＿＿＿＿＿＿＿＿＿＿＿＿＿＿＿＿＿＿

실전연습문제

1 녹음을 듣고 들려주는 내용과 그림이 같으면 O, 다르면 X를 표시하세요. MP3 2-43

①  ②  ③  ④

2 녹음을 듣고 질문에 알맞은 답을 고르세요. MP3 2-44

① 问: 宿舍楼在哪儿?

　A 图书馆右边　　B 图书馆后边　　C 图书馆左边

② 问: 哪里有咖啡厅?

　A 办公楼里边　　B 教学楼里边　　C 图书馆里边

3 관련이 가장 깊은 것끼리 연결해 보세요.

① 学校里边有没有银行?　　　　　　A 宿舍楼旁边有。
② 食堂在几楼?　　　　　　　　　　B 不是，那是办公楼。
③ 办公楼在图书馆左边，对不对?　　C 三楼。
④ 哪里有小卖部?　　　　　　　　　D 不对，办公楼在图书馆右边。
⑤ 那是宿舍楼吗?　　　　　　　　　E 学校里边没有银行。

중국문화

중국의 행정구역

중국은 22개 성(省)과 5개 자치구, 그리고 4개 직할시와 2개의 특별행정구로 이루어져 있습니다.

▲ **22개성(省)**

중국의 성(省)은 우리나라의 도(道)에 해당하는 행정단위이며 성(省)의 인민정부 소재지(省会)는 우리나라의 도청소재지에 해당합니다. 22개의 성은 다시 다음과 같이 6개의 지역으로 분류됩니다.

东北区	辽宁省, 吉林省, 黑龙江省
西北区	陕西省, 甘肃省, 青海省
西南区	四川省, 云南省, 贵州省
华北区	河北省, 山西省
华中区	河南省, 湖北省, 湖南省, 广东省, 海南省
华东区	江苏省, 浙江省, 安徽省, 江西省, 福建省, 山东省

▲ **5개 자치구(自治区)**

중국은 한족(汉族)과 55개 소수민족이 함께 생활하는 다민족국가입니다. 이중 다수의 소수민족이 거주하며 스스로 자치를 시행하는 행정구역을 자치구(自治区)라고 지칭하며, 중국 내에는 내몽고자치구(内蒙古自治区), 광시-장족자치구(广西壮族自治区), 티벳자치구(西藏自治区), 닝샤-회족자치구(宁夏回族自治区), 신장-위구르자치구(新疆维吾尔自治区) 가 있습니다.

▲ **4개 직할시(直辖市)**

직할시는 '중앙정부에서 직접 관리하는 도시'라는 의미로 성(省)급에 해당하는 행정구역입니다. 거주인구가 많고 정치·경제·문화 등 여러 측면에서 중요한 지위를 가지고 있습니다. 현재 베이징(北京), 톈진(天津), 상하이(上海), 충칭(重庆) 직할시가 있습니다.

▲ **2개 특별행정구(特別行政区)**

사회주의 체제로 운영되는 대륙과 달리 중국에는 자본주의 체제로 운영되는 두 지역이 있습니다. 바로 홍콩(香港)과 마카오(澳门) 입니다. 과거 영국(홍콩)과 포르투갈(마카오)의 식민지였으나 1997년 7월 1일과 1999년 12월 20일에 각각 중국으로 반환되었습니다. 반환 후 기존의 자본주의 체제를 그대로 유지하며 운영되도록 특별행정구로 선포하여 관리되고 있습니다.

11

Nǐ chīguo Zhōngguócài ma?
你吃过中国菜吗?
중국음식을 먹어 본 적이 있나요?

학습 목표

- 과거의 경험을 묻고 답할 수 있다.
- 음식관련 어휘를 익힌다.

기본표현

Nǐ chīguo Zhōngguócài ma?
- 你吃过中国菜吗?

Zhōngguócài wèidao zěnmeyàng?
- 中国菜味道怎么样?

Wǒ méi qùguo Sūzhōu.
- 我没去过苏州。

워밍업 1

1 녹음에서 들려주는 발음과 일치하는 것을 고르세요. MP3 2-45

① chī   zhī   cī   shī

② kuō   guò   guǒ   kuó

③ wèidǎo   wèidao   wēidào   wēidao

④ sài   zài   chài   cài

2 녹음에서 들려주는 내용과 일치하는 그림을 고르세요. MP3 2-46

①   ②   ③

워밍업 2

1 아래의 문장을 듣고 큰 소리로 여러 번 따라 읽어 보세요. MP3 2-47

Nǐ qùguo Zhōngguó ma?
你去过中国吗?

Wǒ méi qùguo Sūzhōu.
我没去过苏州。

Nǐ chīguo Zhōngguócài ma?
你吃过中国菜吗?

Zhōngguócài wèidao zěnmeyàng?
中国菜味道怎么样?

Běijīng kǎoyā zuì hǎochī.
北京烤鸭最好吃。

본문회화 1

🌀 천리리가 진수에게 중국에 가본 적이 있는지 묻는 대화입니다.

MP3 2-48

陈丽丽: Nǐ qùguo Zhōngguó ma?
你去过中国①吗?

朴真秀: Wǒ qùguo.
我去过。

陈丽丽: Nǐ qùguo nǎxiē dìfang?
你去过哪些地方?

朴真秀: Wǒ qùguo Běijīng、Shànghǎi hé Hángzhōu.
我去过北京、上海和杭州。

陈丽丽: Nǐ qùguo Sūzhōu méiyǒu?
你去过苏州没有?

朴真秀: Wǒ méi qùguo Sūzhōu.
我没去过苏州②。

교체연습

① 美国 Měiguó
  日本 Rìběn

② 天津 Tiānjīn
  香港 Xiānggǎng

단어   MP3 2-49

过 guo [조] ~한 적이 있다 | 哪些 nǎxiē [대] 어느, 어떤 (복수를 나타냄) | 地方 dìfang [명] 곳, 장소 | 北京 Běijīng [고유] 베이징 | 上海 Shànghǎi [고유] 상하이 | 杭州 Hángzhōu [고유] 항저우 | 苏州 Sūzhōu [고유] 쑤저우 | 没有 méiyǒu [부] ~않았다

연습단어 天津 Tiānjīn [고유] 텐진 | 香港 Xiānggǎng [고유] 홍콩

핵심 표현 1

01 你去过中国吗?

과거의 경험을 말할 경우, '동사 + 过'의 형식으로 표현합니다. 이때 '过'는 ~한 적이 있음을 나타냅니다.

> 동사 + 过
>
> Wǒ qùguo Chóngqìng hé Xī'ān.
> 我去过重庆和西安。　　나는 충칭과 시안에 가본 적이 있다.

* 重庆 Chóngqìng 충칭 | 西安 Xī'ān 시안

의문형은 문장 끝에 '吗' 또는 '没有'를 붙여 질문합니다.

> 동사 + 过 + 목적어 + 吗/没有?
>
> Nǐ qùguo Hángzhōu ma?
> 你去过杭州吗?　　너는 항저우에 가본 적이 있니?
>
> Nǐ qùguo Yīngguó méiyǒu?
> 你去过英国没有?　　너는 영국에 가본 적이 있니?

* 英国 Yīngguó 영국

02 我没去过苏州。

과거의 경험을 부정형으로 말할 경우에는 과거의 부정을 나타내는 '没(有)'를 '동사 + 过' 앞에 붙여 표현합니다.

> 没 + 동사 + 过
>
> Wǒ méi qùguo Àomén.
> 我没去过澳门。　　나는 마카오에 가본 적이 없다.

* 澳门 Àomén 마카오

표현연습

1. 다음 문장을 '没…过'가 들어가는 부정문으로 바꾸어 보세요.
   ① 我去重庆和西安。　→ _____
   ② 我吃日本菜。　　　→ _____
   ③ 他看英国电影。　　→ _____

본문회화 2

희진이가 진수에게 중국음식에 대해 묻는 대화입니다. MP3 2-50

金喜珍: Nǐ chīguo Zhōngguócài ma?
你吃过中国菜③吗?

朴真秀: Chīguo.
吃过。

金喜珍: Zhōngguócài wèidao zěnmeyàng?
中国菜味道怎么样?

朴真秀: Hěn hǎo. Zhōngguócài dōu hǎochī.
很好。中国菜都好吃。

金喜珍: Nǎ zhǒng cài zuì hǎochī?
哪种菜最好吃④?

朴真秀: Běijīng kǎoyā hé Dōngpōròu zuì hǎochī.
北京烤鸭和东坡肉最好吃。

교체연습

③ 四川菜 Sìchuāncài
广东菜 Guǎngdōngcài

④ 油腻 yóunì
清淡 qīngdàn

단어 MP3 2-51

菜 cài 명 음식, 요리 | 中国菜 Zhōngguócài 명 중국음식 | 味道 wèidao 명 맛 | 好吃 hǎochī 형 맛있다 | 种 zhǒng 명 종류 | 最 zuì 부 가장, 제일 | 北京烤鸭 Běijīng kǎoyā 고유 북경오리구이 | 东坡肉 Dōngpōròu 고유 소동파(蘇東坡)가 항저우(抗州)에 살고 있을 때 자주 만들었다고 알려진 돼지고기 찜 요리.

연습 단어: 四川 Sìchuān 고유 쓰촨 | 广东 Guǎngdōng 고유 광둥 | 油腻 yóunì 동 기름지다 | 清淡 qīngdàn 동 담백하다

핵심 표현 2

01 中国菜都好吃。

'好吃'는 '맛있다'라는 의미이며 반대로 '맛없다'라는 표현은 '不好吃'라고 합니다. 그밖에 맛을 나타내는 기본적인 표현으로 '酸(suān, 시다), 甜(tián, 달다), 苦(kǔ, 쓰다), 辣(là, 맵다), 咸(xián, 짜다)' 등이 있습니다.

> Nà ge cài bù hǎochī, Zhège cài hǎochī.
> 那个菜不好吃，这个菜好吃。　　그 음식은 맛이 없다. 이 음식이 맛있다.
>
> Guǎngdōngcài yǒudiǎn tián.
> 广东菜有点甜。　　광둥요리는 약간 달다.
>
> Sìchuāncài hěn là.
> 四川菜很辣。　　쓰촨요리는 매우 맵다.
>
> Běifāngcài yǒudiǎn xián.
> 北方菜有点咸。　　북방요리는 조금 짜다.
>
> Wǒ xǐhuan suānwèir hé kǔwèir.
> 我喜欢酸味儿和苦味儿。　　나는 신맛과 쓴맛을 좋아한다.

＊ 这个 zhège 이것 | 那个 nàge 그것, 저것 | 有点 yǒudiǎn 약간 | 北方 běifāng 북방 | 味(儿) wèi(r) 맛

02 哪种菜最好吃?

'最'는 '가장, 제일, 아주, 매우'라는 정도를 나타내는 부사입니다. 이외에 유사한 의미를 가진 부사로 '很', '非常' 등이 있습니다.

> Wǒ zuì xǐhuan Zhōngguócài.
> 我最喜欢中国菜。　　나는 중국음식을 가장 좋아한다.

표현연습

1. 다음 그림을 보고 맛을 나타내는 표현을 연습해 보세요.

①
有点_____

②
非常_____

③
很_____

실력 다지기

1 다음 빈칸에 사진의 지역명을 채워 대화해 보세요.

a: 你去过_____吗?

b: 我去过/ 没去过_____。

2 다음 보기를 보고 관련있는 음식과 연결해 보세요.

A 很甜。　　B 最辣。　　C 挺油腻。　　D 有点咸。

3 사진을 보며 보기에서 알맞은 표현을 골라 한국음식의 맛을 표현해 보세요.

| 보기 | 酸　甜　辣　咸　油腻　清淡 |

a: _____味道怎么样?

b: _____。

4 다음 문장을 의문문과 부정문으로 바꿔 보세요.

① 我去过长城和故宫。 → 你_____吗?
　　　　　　　　　　　→ 你_____没有?
　　　　　　　　　　　→ 我没_____。

② 我打过乒乓球。　　　→ _____
　　　　　　　　　　　→ _____
　　　　　　　　　　　→ _____

③ 我看过中国电影。　　→ _____
　　　　　　　　　　　→ _____
　　　　　　　　　　　→ _____

* 打 dǎ (놀이, 운동을)하다

5 녹음을 듣고 들려주는 문장을 병음으로 적어 보세요. MP3 2-52

① _____
② _____
③ _____
④ _____

6 녹음을 듣고 자신의 상황에 맞춰 한자로 대답을 적어 보세요. MP3 2-53

① _____
② _____
③ _____
④ _____

실전연습문제

1 녹음을 듣고 들려주는 내용과 그림이 같으면 O, 다르면 X를 표시하세요. MP3 2-54

①
②
③
④

2 녹음을 듣고 질문에 알맞은 답을 고르세요. MP3 2-55

① 问：小金去过什么地方？

    A 北京　　　　B 香港　　　　C 苏州

② 问：小李喜欢什么菜？

    A 糖醋肉　　　B 烤猪肉　　　C 东坡肉

3 관련이 가장 깊은 것끼리 연결해 보세요.

① 你吃过中国菜吗？　　　　·　　　　· A 我去过中国。
② 你去过中国吗？　　　　　·　　　　· B 我没看过。
③ 中国菜怎么样？　　　　　·　　　　· C 北京烤鸭最好吃。
④ 哪种菜最好吃？　　　　　·　　　　· D 吃过。
⑤ 你看过韩国电影没有？　　·　　　　· E 很好吃。

중국문화

중국의 4대 요리

광활한 국토 면적을 자랑하는 중국은 많은 볼거리만큼이나 먹을거리도 각양각색 풍부한 나라입니다. 현대 중국의 요리는 지역별로 크게 네 부분으로 나누어 특색을 구분 짓습니다.

▲ **산둥 및 베이징 요리(**鲁菜 lǔcài, 京菜 jīngcài**):**

튀김과 볶음 요리가 발달하였으며 전반적으로 짠 맛이 강합니다.

- 北京烤鸭, 涮羊肉(shuànyángròu, 양고기 샤브샤브)

▲ **상하이 요리 (**上海菜, 苏菜 sūcài**):**

풍부한 해산물과 지방 특산물인 간장을 사용하여 만드는 것이 특징입니다.

- 东坡肉, 大闸蟹 (dàzháxiè, 대게요리)

▲ **쓰촨 요리 (**四川菜, 川菜 chuāncài**):**

맵고 얼얼한 맛과 강한 향이 특징인 요리로 한국인의 입맛에 가장 잘 맞습니다.

- 麻婆豆腐(mápódòufu, 마파두부), 宫保鸡丁(gōngbǎojīdīng, 닭고기 볶음요리), 鱼香肉丝(yúxiāngròusī, 돼지고기 볶음요리), 鸳鸯火锅 (yuānyānghuǒguō, 사천식 샤브샤브)

▲ **광둥 요리 (**广东菜, 粤菜 yuècài**):**

다양한 식재료를 사용하여 볶거나 살짝 튀긴 요리가 발달하였으며 신선하고, 향기롭고, 개운하고, 부드러운 맛 등을 중시합니다.

- 点心(diǎnxin, 딤섬), 佛跳墙(fótiàoqiáng, 상어 지느러미 등 갖가지 재료로 만든 요리) 古老肉(gǔlǎoròu, 돼지고기 튀김요리), 烤乳猪(kǎorǔzhū, 새끼돼지 바베큐)

12

Shǔjià nǐ yào zuò shénme?
暑假你要做什么?
여름방학에 무엇을 할 건가요?

학습 목표

- 자신의 계획을 중국어로 말할 수 있다.
- 대표적인 지명을 익힌다.

기본표현

Nǐ yào zuò shénme?
- 你要做什么?

Nǐmen shénme shíhou chūguó?
- 你们什么时候出国?

Wǒmen kěyǐ zài Běijīng jiànmiàn ma?
- 我们可以在北京见面吗?

워밍업 1

1 녹음에서 들려주는 발음과 일치하는 것을 고르세요. (MP3 2-56)

① yāo　　　　yáo　　　　yǎo　　　　yào

② shūguó　　qūguo　　　chūguó　　zhūguo

③ xuàn　　　xiān　　　　xiàn　　　　xuān

④ ránhòu　　lánhǒu　　　lánhuò　　　rǎnhǒu

2 녹음에서 들려주는 내용과 일치하는 그림을 고르세요. (MP3 2-57)

워밍업 2

1 아래의 문장을 듣고 큰 소리로 여러 번 따라 읽어 보세요. MP3 2-58

Shǔjià nǐ yào zuò shénme?
暑假你要做什么？

1회 2회 3회

Wǒ xiǎng xué Hànyǔ.
我想学汉语。

Wǒmen xiǎng xiān qù Běijīng, ránhòu qù Chéngdū.
我们想先去北京，然后去成都。

Nǐmen shénme shíhou chūguó?
你们什么时候出国？

Nà, wǒmen kěyǐ zài Běijīng jiànmiàn ma?
那，我们可以在北京见面吗？

본문 회화 1

🎵 천리리가 진수에게 여름방학 계획을 묻는 대화입니다. MP3 2-59

陈丽丽: Shǔjià nǐ yào zuò shénme?
暑假你要做什么?

朴真秀: Wǒ yào qù Zhōngguó.
我要去中国①。

陈丽丽: Nǐ yí ge rén qù ma?
你一个人去吗?

朴真秀: Wǒ gēn péngyou yìqǐ qù.
我跟朋友一起去。

陈丽丽: Nǐmen xiǎng qù nǎxiē dìfang?
你们想去哪些地方?

朴真秀: Wǒmen xiǎng xiān qù Běijīng,
我们想先去北京②,

ránhòu qù Chéngdū hé Guǎngzhōu.
然后去成都和广州②。

교체연습

① 学韩语 xué Hányǔ
学开车 xué kāichē

② 吃饭 / 回家
chīfàn / huíjiā
做作业 / 玩儿
zuò zuòyè / wánr

단어 MP3 2-60

暑假 shǔjià 명 여름방학 | **要** yào 조동 ~하려고 하다 | **个** gè 양 개, 명 (사람·사물을 셀 때의 양사) | **朋友** péngyou 명 친구 | **跟** gēn 전 ~와 | **想** xiǎng 조동 ~하고 싶다, ~할 생각이다 | **先** xiān 부 먼저, 우선 | **然后** ránhòu 접 그리고 나서, 그러한 후에

연습단어

学 xué 동 배우다 | **韩语** Hányǔ 명 한국어 | **开车** kāichē 동 차를 몰다, 운전하다 | **做** zuò 동 하다 | **玩儿** wánr 동 놀다

핵심 표현 1

01 我要去中国。

'要'는 영어의 'will'과 같이 '~을 하려고 하다'라는 자신의 의지를 나타내는 조동사로 동사 앞에 위치합니다.

> 주어 + 要 + 동사(+목적어)
> Wǒ yào xué Fǎyǔ.
> 我要学法语。   나는 프랑스어를 배우려고 한다.

*法语 Fǎyǔ 프랑스어

'想'은 '~을 하고 싶다, ~할 생각이다'라는 의미로 '要'보다 조금 약한 의지를 나타내는 조동사입니다.

> 주어 + 想 + 동사(+목적어)
> Wǒ xiǎng dāng lǎoshī.
> 我想当老师。   나는 선생님이 되고 싶다.

*当 dāng ~이 되다

02 我们想先去北京，然后去成都和广州。

'우선 ~을 하고, 그러고 나서 ~을 하다'라는 표현을 할 경우, '先~, 然后~'를 씁니다.

> 先 + 동사(구), 然后 + 동사(구)
> Xiān huíjiā, ránhòu chī wǎnfàn.
> 先回家，然后吃晚饭。   먼저 집에 돌아간 다음, 그 후에 저녁을 먹는다.

표현연습

1. 다음 두 문장을 '要', '先…, 然后…'를 사용하여 한 문장으로 완성하세요.

　① 我要学汉语。我要学法语。
　　→ _____

　② 我要吃晚饭。我要做作业。
　　→ _____

본문회화 2

천리리와 진수가 베이징에서 만나기로 약속하는 대화입니다.

MP3 2-61

陈丽丽: Nǐmen shénme shíhou chūguó?
你们什么时候出国③?

朴真秀: Bā yuè sān hào chūguó.
八月三号出国。

陈丽丽: Tài hǎo le. Wǒ bā yuè wǔ hào huíguó.
太好了。我八月五号回国。

朴真秀: Nà, wǒmen kěyǐ zài Běijīng jiànmiàn ma?
那,我们可以在北京见面④吗?

陈丽丽: Kěyǐ. Nǐmen yídìng liánxì wǒ a!
可以。你们一定联系我啊!

朴真秀: Hǎo. Yídìng.
好。一定。

교체연습

③ 休息 xiūxi
   放假 fàngjià

④ 一起走 yìqǐ zǒu
   吃饭 chīfàn

단어　MP3 2-62

时候 shíhou 명 때 | 出国 chūguó 동 출국하다 | 回国 huíguó 동 귀국하다 | 那 nà 접 그럼, 그렇다면 | 可以 kěyǐ 조동 ~할 수 있다 | 一定 yídìng 부 반드시 | 联系 liánxì 동 연락하다 | 啊 a 감 아!

연습단어

休息 xiūxi 동 휴식하다 | 放假 fàngjià 동 방학하다 | 走 zǒu 동 가다

핵심 표현 2

01 我八月五号回国。

시간, 시기, 때를 나타내는 명사는 주어의 앞이나 뒤에 올 수 있습니다.

> Míngtiān wǒ huíguó.
> 明天我回国。 내일 나 귀국해.
>
> Wǒ jīntiān wǎnshang zǒu.
> 我今天晚上走。 나는 오늘 저녁에 간다.

때로는 주어가 생략되고 시간을 나타내는 명사와 동사만 출현하기도 합니다.

> Bā yuè sān hào chūguó.
> 八月三号出国。 8월 3일에 출국한다.
>
> Xiàwǔ sān diǎn chūfā.
> 下午三点出发。 오후 3시에 출발한다.

02 我们可以在北京见面吗?

'可以'는 어떠한 상황에서 가능함을 나타내는 조동사입니다.

> Wǒ kěyǐ yí ge rén qù.
> 我可以一个人去。 나는 혼자 갈 수 있어.
>
> Wǒmen kěyǐ yìqǐ huíjiā.
> 我们可以一起回家。 우리는 함께 집에 갈 수 있어.

표현연습

1. 다음 시간을 나타내는 명사를 적절한 위치에 넣어 말해보세요.
   ① 弟弟今天走。（晚上） → _____
   ② 他们下午出发。（三点） → _____
   ③ 王明和陈丽丽要回国。（明天） → _____

실력 다지기

1 다음 사진을 보고 빈칸에 알맞은 표현을 넣어 대화해 보세요.

① 故宫 → 长城
② 上海 → 北京
③ 香港 → 澳门

a: 你想去哪些地方?
b: 我想先_____, 然后_____。

2 다음 그림을 보며 여름방학 때 하고 싶은 활동을 이야기해 보세요.

a: 暑假你要学什么?
b: _____

① ② ③ ④

* 太极拳 tàijíquán 태극권

3 다음 제시된 단어들을 알맞게 배열하여 문장을 만들어 보세요.
(단, 시간을 나타내는 명사는 주어 뒤에 오도록 배열하세요.)

① 她 / 走 / 星期五　　　　　　　→ _____
② 明天 / 回国 / 他们 / 下午　　　→ _____
③ 去 / 爸爸 / 中国 / 和 / 八月二十号 / 弟弟 → _____
④ 八点 / 朋友 / 出发 / 今天 / 跟 / 我 / 晚上 → _____

4 다음 대답에 알맞은 질문을 적어 보세요.

① a: _____   b: 暑假我要玩儿。

② a: _____   b: 我跟姐姐一起去。

③ a: _____   b: 我们想先去英国，然后去法国。

④ a: _____   b: 他们七月二十五号回国。

5 녹음을 듣고 들려주는 문장을 병음으로 적어 보세요. `MP3 2-63`

① _____

② _____

③ _____

④ _____

6 녹음을 듣고 자신의 상황에 맞춰 중국어로 대답을 적어 보세요. `MP3 2-64`

① _____

② _____

③ _____

④ _____

실전연습문제

1 녹음을 듣고 들려주는 내용과 그림이 같으면 O, 다르면 X를 표시하세요. MP3 2-65

①    ②    ③    ④

□   □   □   □

2 녹음을 듣고 질문에 알맞은 답을 고르세요. MP3 2-66

① 问: 小李跟小金先去哪儿?

　A 法国　　　B 英国　　　C 美国

② 问: 小王什么时候出国?

　A 今天下午　　B 明天上午　　C 明天下午

3 관련이 가장 깊은 것끼리 연결해 보세요.

① 暑假你要做什么?　　　　・　　・ A 北京、成都和广州。
② 你一个人去吗?　　　　　・　　・ B 好，一定。
③ 你们想去哪些地方?　　　・　　・ C 对，我一个人去。
④ 你什么时候出国?　　　　・　　・ D 我要回国。
⑤ 你们一定联系我啊！　　　・　　・ E 七月七号出国。

중국문화

베이징의 여행지

중국의 원·명·청(元明清)시기의 수도였던 베이징에는 고궁, 이화원, 만리장성등과 같은 문화유적이 지금까지도 곳곳에 남아 있습니다. 신중국 성립 이후 조성된 천안문광장, 왕푸징거리, 싼리툰거리는 물론이고, 호우하이 카페거리와 798예술거리도 볼거리가 가득한 여행지입니다.

- ▲ 故宫 Gùgōng 고궁 : 명·청시기의 황궁으로 1987년 유네스코 세계문화유산으로 등록된 곳입니다. 자금성(紫禁城, Zǐjìnchéng)이라고도 부르며 거대한 규모와 노란색 지붕이 인상적입니다.

- ▲ 颐和园 Yíhéyuán 이화원 : 청왕조의 별궁이자 황실 정원으로 1998년 유네스코 세계문화유산으로 등록된 곳입니다. 봄, 여름, 가을, 겨울 모두 아름다운 풍경을 볼 수 있으며 인공으로 조성된 호수의 규모는 가히 놀랄만 하지요.

- ▲ 长城 Chángchéng 만리장성 : 우리나라에서는 흔히 만리장성이라고 부르지만 실제 명칭은 그냥 '창청'(长城)입니다. 베이징 부근에는 八达岭(Bādálǐng)长城, 居庸关(Jūyōngguān)长城, 司马台(Sīmǎtái)长城, 慕田峪(Mùtiányù)长城 등이 있으며 이중 八达岭长城은 관광객이 가장 많이 찾는 곳입니다.

- ▲ 天安门广场 Tiān'ānmén Guǎngchǎng 천안문 광장 : 고궁과 바로 인접한 광장으로 매일 아침 거행되는 중국의 국기 게양식은 해외 관광객뿐만 아니라 중국 외지인들에게도 신선한 볼거리입니다.

- ▲ 王府井大街 Wángfǔjǐng Dàjiē 왕푸징거리 : 우리나라의 명동에 해당하는 쇼핑거리입니다. 홍등을 달고 각종 꼬치와 향토음식을 파는 곳으로도 유명하지요.

- ▲ 三里屯街道 Sānlǐtún jiēdào 싼리툰거리 : 우리나라의 이태원처럼 이 부근에 각 나라의 대사관들이 모여 있어 자연스럽게 카페거리가 형성되었으며, 특히 유럽풍의 카페가 즐비합니다.

- ▲ 后海 Hòuhǎi 호우하이 카페거리 : 2003년 이후 스차하이(什刹海, Shíchàhǎi) 주변에 조성된 카페거리입니다. 곳곳에 무명가수들이 노래하는 라이브 카페들도 많아 낭만적인 시간을 보낼 수 있는 곳입니다.

- ▲ 798艺术区 Qījiǔbā Yìshùqū 798 예술거리 : 2001년 이후 예전 공장지대에 조성된 예술거리로 화랑, 예술센터, 예술가작업실, 디자인회사, 레스토랑, 카페 등이 생겨나면서 새롭게 각광받는 곳입니다.

7과-12과
복습하기 Ⅱ

단어체크

다음 단어를 체크하며 빈칸에 병음과 성조를 채워 보세요.

7과

- ☐ 现在 　　　　 명 지금
- ☐ 点 　　　　 명 시
- ☐ 分 　　　　 명 분
- ☐ 上课 　　　　 동 수업을 듣다, 강의를 듣다
- ☐ 咱们 　　　　 대 우리
- ☐ 一起 　　　　 부 함께
- ☐ 吃 　　　　 동 먹다
- ☐ 晚饭 　　　　 명 저녁식사
- ☐ 怎么样 　　　　 대 어떠하다
- ☐ 见面 　　　　 동 만나다
- ☐ 下课 　　　　 동 수업이 끝나다

8과

- ☐ 最近 　　　　 명 최근, 요즘
- ☐ 太 　　　　 부 지나치게, 너무
- ☐ 忙 　　　　 형 바쁘다
- ☐ 呢 　　　　 조 어기조사(의문문 끝에 사용)
- ☐ 汉语 　　　　 명 중국어
- ☐ 课 　　　　 명 수업, 강의
- ☐ 作业 　　　　 명 숙제, 과제
- ☐ 多 　　　　 형 많다
- ☐ 去 　　　　 동 가다
- ☐ 哪儿 　　　　 대 어디, 어느 곳
- ☐ 图书馆 　　　　 명 도서관
- ☐ 回家 　　　　 동 집으로 돌아가(오)다, 귀가하다
- ☐ 办公室 　　　　 명 사무실

9과

- ☐ 爱好 　　　　 명 취미
- ☐ 听 　　　　 동 듣다
- ☐ 音乐 　　　　 명 음악
- ☐ 喜欢 　　　　 동 좋아하다
- ☐ 学习 　　　　 명동 학습(하다), 공부(하다)
- ☐ 运动 　　　　 명 운동
- ☐ 太 　　　　 부 별로, 그다지
- ☐ 非常 　　　　 부 매우, 대단히
- ☐ 足球 　　　　 명 축구
- ☐ 棒球 　　　　 명 야구
- ☐ 篮球 　　　　 명 농구

10과

- 学校　　명 학교
- 里边　　명 안, 속
- 银行　　명 은행
- 哪里　　대 어디
- 那里　　대 거기, 그곳
- 没有　　동 없다
- 楼　　명 건물, 층
- 办公楼　　명 사무실 건물
- 对面　　명 건너편
- 对　　형 맞다, 옳다
- 书店　　명 서점
- 右边　　명 오른쪽
- 宿舍楼　　명 기숙사 건물
- 哦　　감 아!
- 知道　　동 알다, 이해하다

11과

- 过　　조 ~한 적이 있다
- 哪些　　대 어느, 어떤 (복수를 나타냄)
- 地方　　명 곳, 장소
- 北京　　고유 베이징
- 上海　　고유 상하이
- 杭州　　고유 항저우
- 苏州　　고유 쑤저우
- 没有　　부 ~않았다

- 菜　　명 음식, 요리
- 中国菜　　명 중국음식
- 味道　　명 맛
- 好吃　　형 맛있다
- 种　　명 종류
- 最　　부 가장, 제일
- 北京烤鸭　　고유 북경오리구이
- 东坡肉　　고유 중국의 돼지 찜 요리

12과

- 暑假　　명 여름방학
- 要　　조동 ~하려고 하다
- 个　　양 개, 명 (사람·사물을 셀 때의 양사)
- 朋友　　명 친구
- 跟　　전 ~와
- 想　　조동 ~하고 싶다, ~할 생각이다
- 先　　부 먼저, 우선
- 然后　　접 그리고 나서, 그러한 후에
- 时候　　명 때
- 出国　　동 출국하다
- 回国　　동 귀국하다
- 那　　접 그럼, 그렇다면
- 可以　　조동 ~할 수 있다
- 一定　　부 반드시
- 联系　　동 연락하다
- 啊　　감 아!

7과-12과 복습하기 II

기본표현

다음 병음과 한자를 소리내어 읽으며 기본 표현을 다시 한번 익혀보세요.

7과

병음을 보고 한자와 한글 뜻 생각하기

Xiànzài jǐ diǎn?

Jīntiān nǐ jǐ diǎn shàngkè?

Yìqǐ chī wǎnfàn, zěnmeyàng?

한자를 보고 병음과 한글 뜻 생각하기

现在几点?

今天你几点上课?

一起吃晚饭，怎么样?

8과

병음을 보고 한자와 한글 뜻 생각하기

Nǐ zuìjìn zěnmeyàng?

Nǐ qù nǎr?

Wǒ qù túshūguǎn.

한자를 보고 병음과 한글 뜻 생각하기

你最近怎么样?

你去哪儿?

我去图书馆。

9과

병음을 보고 한자와 한글 뜻 생각하기

Nǐ de àihào shì shénme?

Wǒ fēicháng xǐhuan yùndòng.

Wǒ bú tài xǐhuan. Nǐ ne?

한자를 보고 병음과 한글 뜻 생각하기

你的爱好是什么?

我非常喜欢运动。

我不太喜欢。你呢?

10과

병음을 보고 한자와 한글 뜻 생각하기

Xuéxiào lǐbian yǒu méiyǒu yínháng?

Bàngōnglóu zài túshūguǎn yòubian.

Yínháng zài jǐ lóu?

한자를 보고 병음과 한글 뜻 생각하기

学校里边有没有银行?

办公楼在图书馆右边。

银行在几楼?

11과

병음을 보고 한자와 한글 뜻 생각하기

Nǐ chīguo Zhōngguócài ma?

Zhōngguócài wèidao zěnmeyàng?

Wǒ méi qùguo Sūzhōu.

한자를 보고 병음과 한글 뜻 생각하기

你吃过中国菜吗?

中国菜味道怎么样?

我没去过苏州。

12과

병음을 보고 한자와 한글 뜻 생각하기

Nǐ yào zuò shénme?

Nǐmen shénme shíhou chūguó?

Wǒmen kěyǐ zài Běijīng jiànmiàn ma?

한자를 보고 병음과 한글 뜻 생각하기

你要做什么?

你们什么时候出国?

我们可以在北京见面吗?

7과-12과 복습하기 II

다음 보기에서 알맞은 한자를 찾아 문장을 완성해 보세요.

7과

| 보기 | 上课　　分　　吧　　点　　怎么样 |

① 九 ___ 四十 ___ 。　　9시 40분이야.
② 我十点 ___ 。　　나는 10시 수업이야.
③ 咱们一起吃晚饭, ___ ?　　우리 같이 저녁 먹는 게 어때?
④ 咱们六点见面 ___ 。　　우리 6시에 보자!

8과

| 보기 | 太　　吗　　了　　最近　　哪儿 |

① 您好 ___ ?　　안녕하셨어요? 잘 지내셨어요?
② 您 ___ 怎么样?　　요즘 어떻게 지내세요?
③ ___ 忙 ___ 。　　너무 바빠.
④ 你去 ___ ?　　너 어디 가니?

9과

| 보기 | 你呢　　喜欢　　爱好　　非常 |

① 你的 ___ 是什么?　　네 취미는 뭐야?
② 你 ___ 什么?　　너는 무엇을 좋아하니?

③ 我不太喜欢。　　　？ 난 별로 좋아하지 않아, 너는 어떠니?

④ 我　　喜欢运动。 나는 운동을 무척 좋아해.

10과

| 보기 | 没有 | 有 | 在 | 对面 |

① 学校里边有　　银行？ 학교 안에 은행이 있나요?

② 体育馆里边　　小卖部吗？ 체육관 안에 매점이 있나요?

③ 办公楼　　图书馆右边。 사무실 건물은 도서관 오른쪽에 있어요.

④ 书店在图书馆　　。 서점은 도서관 맞은편에 있어요.

11과

| 보기 | 好吃 | 最 | 没 | 过 |

① 你去　　中国吗？ 너는 중국에 가본 적이 있니?

② 我　　去过苏州。 쑤저우는 가본 적이 없어.

③ 中国菜都很　　。 중국음식은 모두 맛있다.

④ 哪种菜　　好吃？ 어떤 음식이 가장 맛있니?

12과

| 보기 | 先 | 要 | 然后 | 可以 | 回国 |

① 我　　去中国。 나는 중국에 가려고 해.

② 我们想　　去北京，　　去成都和广州。
우리는 먼저 베이징에 갔다가 청두와 광저우에 갈 생각이야.

③ 我八月五号　　。 나는 8월 5일에 귀국해.

④ 我们　　在北京见面吗？ 우리 베이징에서 만날 수 있을까?

모범답안

1과

맛보기 도전 ③ p15

dui　bu　qi　mei　guan　xi

맛보기 도전 ⑥ p17

nǐ　zà　mó
hǎo　dōu　pèi
tiān　tuó　nüè

2과

확인학습 p20

1　mo　pa　ne　bo
　 di　lü　tu　fa

확인학습 p21

1　de　ne　le　fo　po　mo
　 tu　du　fu　lü　nü

2　bō　mù　bǎ　tè
　 pí　fù　lù　nǚ

실력다지기 p26

1　你 nǐ　　　好 hǎo
　 您 nín　　再见 zàijiàn
　 老师 lǎoshī　明天 míngtiān

2　① wǒ　　② wǒmen
　 ③ nǐ　　 ④ nǐmen
　 ⑤ tā　　 ⑥ tāmen

3　① Nǐ hǎo!
　 ② Nǐmen hǎo!
　 ③ Zàijiàn!
　 ④ Míngtiān jiàn!

| 녹음 |
| ① a: 你好!
　 b: 你好!
② a: 您好!
　 b: 你们好!
③ a: 再见!
　 b: 再见!
④ a: 明天见!
　 b: 明天见!

3과

확인학습 p30

1　mai　ban　fei　dan
　 neng　lang　peng　tou

확인학습 p31

1　ha　ke　gan　hang
　 xi　ju　xu　qu

2　gěi　háo　kěn　gēng
　 qì　xū　jú　xì

표현 연습 p35

2　① a: 他是哪国人?
　　 b: 他是日本人。
　 ② a: 他是哪国人?
　　 b: 他是美国人。

③ a: 她是哪国人?
　　b: 她是中国人。

실력다지기 p36

1　贵姓 guìxìng　　　什么 shénme
　　叫 jiào　　　　　　名字 míngzi
　　韩国 Hánguó　　　中国 Zhōngguó

2　① a : Nǐ jiào shénme míngzi?
　　　b : Wǒ jiào Wáng Míng.
　　② a : Nǐmen shì nǎ guó rén?
　　　b : Wǒmen shì Hánguórén.

| 녹음 |
① a: 你叫什么名字?
　　b: 我叫王明。
② a: 你们是哪国人?
　　b: 我们是韩国人。

3　① 陈 Chén　② 金 Jīn　③ 杨 Yáng　④ 李 Lǐ

| 녹음 |
① 我姓陈，叫陈浩。我是中国人。
② 我姓金，叫金惠真。我是韩国人。
③ 我姓杨，叫杨成优。我是韩国人。
④ 我姓李，叫李憨杰，我是中国人。

4과

확인학습 p40

1　xiu　　jia　　die　　pin
　　ting　 biao　 jian　 qiong

확인학습 p40~41

1　xi　　si　　ji　　zi
　　xin　 san　 qing　 ceng

2　zá　　cù　　sǐ　　zé
　　zěn　 sàng　 cāo　 céng

실력다지기 p46

1　很 hěn　　　　认识 rènshi
　　多 duō　　　　高兴 gāoxìng
　　岁 suì　　　　大学生 dàxuéshēng

2　① a : Rènshi nǐ, hěn gāoxìng.
　　　b : Wǒ yě hěn gāoxìng.
　　② a : Nǐmen shì dàxuéshēng ma?
　　　b : Wǒmen shì dàxuéshēng.

| 녹음 |
① a : 认识你，很高兴。
　　b : 我也很高兴。
② a : 你们是大学生吗?
　　b : 我们是大学生。

3　① 19　　② 24　　③ 31　　④ 25

| 녹음 |
① 大家好! 我叫王建民。我是中国人。今年
　十九岁。
② 你们好! 我姓金，叫金瑞英。我是韩国人。
　今年二十四岁。
③ 早上好! 我叫早田天山。我是日本人。今年
　三十一岁。
④ 下午好! 我叫玛丽，我是美国人。今年
　二十五岁。

모범답안

5과

확인학습 p50

1. gun　　cuo　　tong　　kuai
   huan　long　weng　wang

확인학습 p51

1. zhi　　zi　　chi　　ci
   shang　cheng　jian　suan

2. zhè　xuě　qián　rè
   shéi　cōng　chú　zhǎng

표현 연습 p55

1. ① 几口人　　② 有几个姐姐

2. ① 我们都是大学生。
   ② 他们都是老师。

실력다지기 p56

1. 家 jiā　　　爸爸 bàba
   妈妈 māma　弟弟 dìdi
   和 hé　　　工作 gōngzuò
   公司 gōngsī　职员 zhíyuán

2. ① a : Nǐ jiā yǒu shénme rén?
     b : Bàba、māma、jiějie hé wǒ.
   ② a : Nǐ māma zuò shénme gōngzuò?
     b : Wǒ māma shì lǎoshī.

| 녹음 |
① a : 你家有什么人?
　b : 爸爸、妈妈、姐姐和我。
② a : 你妈妈做什么工作?
　b : 我妈妈是老师。

3. ① 四口　② 三口　③ 六口　④ 五口

| 녹음 |
① 我家有爸爸、妈妈、哥哥和我。
② 我家有爸爸、妈妈和我。
③ 我家有爸爸、妈妈、弟弟、两个妹妹和我。
④ 我家有爸爸、妈妈、哥哥、姐姐和我。

6과

확인학습 p60

1. yue　jun　que　xun
   yun　jue　qun　xue
   yuan　juan　quan　xuan

발음 종합 연습 p61

1. Běijīng　　Chéngdū
   Shànghǎi　Hángzhōu
   Xiānggǎng　Guǎngzhōu
   Tiānjīn　　Fúzhōu
   Xī'ān　　　Qīngdǎo

2. shǒujī　　zhuōzi
   diànnǎo　yǐzi
   zìxíngchē　kāfēi
   kōngtiáo　rìjìběn

3 ① shi ② ce ③ zhan ④ san
　　⑤ chao ⑥ zong ⑦ sheng ⑧ chang

표현 연습 p65

1 ① 我的生日是3月20号。
　　② 劳动节是5月1号。
　　③ 国庆节是10月1号。

실력다지기 p66

1　今天 jīntiān　　　星期 xīngqī
　　月 yuè　　　　　号 hào
　　考试 kǎoshì　　　生日 shēngrì
　　春节 Chūn Jié　　中秋节 Zhōngqiū Jié
　　圣诞节 Shèngdàn Jié

2 ① Kǎoshì shì jǐ yuè jǐ hào?
　　② Jīntiān shì wǒ de shēngrì.
　　③ Shèngdàn Jié shì bu shì xīngqī'èr?
　　④ Guóqìng Jié shì shí yuè yī hào.

| 녹음 |
① 考试是几月几号?
② 今天是我的生日。
③ 圣诞节是不是星期二?
④ 国庆节是10月1号。

---

3 ① 今天是5月 27号，星期三。
　　② 明天是5月 28号，星期四。

| 녹음 |
a. 今天5月 27号，明天是不是星期三?
b. 不是。明天是星期四。

모범답안

복습 I

단어체크 p68~69

1과
- [ ] 零 líng
- [ ] 一 yī
- [ ] 二 èr
- [ ] 三 sān
- [ ] 四 sì
- [ ] 五 wǔ
- [ ] 六 liù
- [ ] 七 qī
- [ ] 八 bā
- [ ] 九 jiǔ
- [ ] 十 shí
- [ ] 谢谢 xièxie
- [ ] 不客气 bú kèqi
- [ ] 对不起 duìbuqǐ
- [ ] 没关系 méi guānxi

2과
- [ ] 你 nǐ
- [ ] 好 hǎo
- [ ] 老师 lǎoshī
- [ ] 你们 nǐmen
- [ ] 见 jiàn
- [ ] 再见 zàijiàn
- [ ] 明天 míngtiān

3과
- [ ] 叫 jiào
- [ ] 什么 shénme
- [ ] 名字 míngzi
- [ ] 我 wǒ
- [ ] 姓 xìng
- [ ] 贵姓 guìxìng
- [ ] 是 shì
- [ ] 哪 nǎ
- [ ] 国 guó
- [ ] 人 rén
- [ ] 韩国 Hánguó

4과
- [ ] 认识 rènshi
- [ ] 很 hěn
- [ ] 高兴 gāoxìng
- [ ] 也 yě
- [ ] 多 duō
- [ ] 大 dà
- [ ] 岁 suì
- [ ] 大学生 dàxuéshēng
- [ ] 吗 ma

5과
- [ ] 有 yǒu
- [ ] 几 jǐ
- [ ] 口 kǒu
- [ ] 家 jiā

- 都 dōu
- 爸爸 bàba
- 妈妈 māma
- 弟弟 dìdi
- 和 hé
- 工作 gōngzuò
- 公司 gōngsī
- 职员 zhíyuán

6과

- 今天 jīntiān
- 星期 xīngqī
- 考试 kǎoshì
- 不 bù
- 的 de
- 生日 shēngrì
- 月 yuè
- 号 hào

핵심표현 p72~73

1과

① 对　② 没　③ 谢　④ 不

2과

① 您　② 们　③ 再　④ 明天

3과

① 贵姓　② 名字　③ 叫　④ 哪

4과

① 很　② 多　③ 也　④ 都

5과

① 口　② 什么　③ 和　④ 做

6과

① 几　　　　② 是不是
③ 的, 号　　④ 日

모범답안

7과

워밍업 1 p76

1 ① diǎn   ② fēn   ③ xiànzài   ④ yìqǐ

2 ①

녹음
男：现在几点?
女：现在五点三十五分。

표현 연습 p79

1 ① 一点五分。/ 一点零五(分)。
   ② 两点十五分。/ 两点一刻。
   ③ 十二点三十分。/ 十二点半。

표현 연습 p81

1 ① 今天咱们一起吃午饭，怎么样?
      今天咱们一起吃午饭吧。
   ② 今天咱们一起看电视，怎么样?
      今天咱们一起看电视吧。

실력다지기 p82~83

1

출발도시	출발시간	도착도시	도착시간
인천 (KE303)	09:30 九点三十分/ 九点半	베이징	10:30 十点三十分/ 十点半
인천 (OZ112)	14:15 两点十五分/ 两点一刻	상하이	15:05 三点五分/ 三点零五分
부산 (CA512)	15:45 三点四十五分/ 三点三刻	칭다오	16:25 四点二十五分
부산 (CX417)	17:10 五点十分	홍콩	19:40 七点四十分

2 ① 九点上课。
   ② 四点下课。

3 ① 我早上六点半起床。
   ② 我上午十点十分上课。
   ③ 我中午十二点四十分吃午饭。
   ④ 我下午三点看书。
   ⑤ 我晚上七点二十分吃晚饭。
   ⑥ 我晚上十一点四十五分睡觉。

4 ① b：现在十二点。
      a：吃午饭
   ② b：现在两点四十分。
      a：喝咖啡
   ③ b：现在四点十五分(/ 一刻)。
      a：学习
   ④ b：现在九点二十五分。
      a：看电影

5 ① Tā liù diǎn sān kè qǐchuáng.
   ② Jīntiān wǒ wǔ diǎn bàn huíjiā.
   ③ Zánmen yìqǐ kàn diànshì ba.
   ④ Zánmen qī diǎn jiànmiàn, zěnmeyàng?

녹음
① 她六点三刻起床。
② 今天我五点半回家。
③ 咱们一起看电视吧。
④ 咱们七点见面，怎么样?

6

| 녹음 |
① 现在几点?
② 几点下课?
③ 今天你几点回家?
④ 今天你几点睡觉?

실전연습문제 p84

1 ① ×   ② ○   ③ ×   ④ ×

| 녹음 |
① 现在三点一刻。
② 我七点起床。
③ 我六点半吃饭。
④ 我九点一刻回家。

2 ① B   ② B

| 녹음 |
① 小金今天一点吃饭，两点半上课，四点下课，五点回家。
② 小王今天七点起床，八点吃饭，十点上课。

3 ①-C   ②-A   ③-E   ④-B   ⑤-D

8과

워밍업 1 p88

1 ① zuìjìn   ② máng
③ zěnmeyàng   ④ tài

2 ③

| 녹음 |
女：你好吗?
男：很好。

표현 연습 p91

1 ① 你好!
② 很好。

2 ① 小，大
② 少，多

표현 연습 p93

1 ① 他去图书馆。
② 她在食堂。
③ 老师在教室。

실력다지기 p94~95

1 太忙了。/ 很忙。
太高兴了。/ 很高兴。
太累了。/ 很累。
太好了。/ 很好。

2 ① B   ② C   ③ D   ④ A

3 ① 我去洗手间。
② 我去超市。
③ 我去咖啡厅。
④ 我去饭馆。

4 a：老师，你好吗?
b：好。你最近怎么样?
a：很忙。
b：忙什么呢?
a：作业太多了。您去办公室吗?

모범답안

b : 我不去办公室，我回家。
a : 明天见!
b : 明天见!

5 ① Zhāng lǎoshī, nín hǎo ma?
② Tā zuìjìn guò de zěnmeyàng?
③ Nín de Hànyǔ kè zuòyè tài duō le.
④ Wǒ bù huíjiā, wǒ qù chāoshì.

| 녹음 |
① 张老师，您好吗?
② 他最近过得怎么样?
③ 您的汉语课作业太多了。
④ 我不回家，我去超市。

6

| 녹음 |
① 你最近怎么样?
② 你最近忙什么呢?
③ 你在哪儿?
④ 你回家吗?

실전연습문제 p96

1 ① ○   ② ✕   ③ ○   ④ ✕

| 녹음 |
① 我在办公室。
② 我去图书馆。
③ 我在咖啡厅。
④ 我不回家，我去食堂。

2 ① A   ② B

| 녹음 |
① 小金的汉语课作业很多，他很忙。
② 小金去图书馆，小王不去图书馆，他回宿舍。

3 ①－B   ②－A   ③－E   ④－D   ⑤－C

9과

워밍업1 p100

1 ① àihào   ② shénme
③ fēicháng   ④ xǐhuan

2 ②

| 녹음 |
女 : 你的爱好是什么?
男 : 我的爱好是棒球。

표현 연습 p103

1 ① a: 她的爱好是什么? / 她喜欢什么?
b: 她的爱好是照相。
② a: 他的爱好是什么? / 他喜欢什么?
b: 他喜欢唱歌。
③ a: 她的爱好是什么? / 她喜欢什么?
b: 她喜欢跑步。

표현 연습 p105

1 ① a: 我非常喜欢足球。你呢?
b: 我不太喜欢足球。
② a: 我非常喜欢棒球。你呢?
b: 我不太喜欢棒球。

③ a: 我非常喜欢篮球。你呢?
　　b: 我不太喜欢篮球。

실력다지기 p106~107

1　① 足球　② 棒球　③ 篮球　④ 游泳

2　① 她的爱好是网球。/ 她喜欢网球。
　② 他的爱好是羽毛球。/ 他喜欢羽毛球。
　③ 她的爱好是乒乓球。/ 她喜欢乒乓球。
　④ 他的爱好是爬山。/ 他喜欢爬山。

3　① 他不(/不太)喜欢运动。
　② 她很(/非常)喜欢听音乐。
　③ 滑雪、滑冰,我都不(/不太)喜欢。
　④ 我姐姐很(/非常)喜欢跑步。

4　① 你的爱好是什么?
　② 你喜欢什么?
　③ 你喜欢音乐吗?
　④ 你喜欢什么运动?

5　① Tā yě fēicháng xǐhuan tiàowǔ.
　② Huáxuě hé huábīng wǒ dōu xǐhuan.
　③ Tā de àihào shì kàn diànyǐng hé zhàoxiàng.
　④ Wǒ bú tài xǐhuan páshān. Nǐ ne?

| 녹음 |
① 他也非常喜欢跳舞。
② 滑雪和滑冰我都喜欢。
③ 她的爱好是看电影和照相。
④ 我不太喜欢爬山。你呢?

6

| 녹음 |
① 你的爱好是什么?
② 你喜欢看电视吗?
③ 你喜欢运动吗?
④ 你喜欢什么运动?

실전연습문제 p108

1　① ×　② ×　③ ×　④ ×

| 녹음 |
① 我不太喜欢看书。
② 我很喜欢足球。
③ 篮球和棒球我都喜欢。
④ 我的爱好是唱歌。

2　① C　② A

| 녹음 |
① 小金的爱好是听音乐,他不太喜欢运动。
② 小王喜欢篮球,小李不太喜欢篮球,他喜欢棒球。

3　①－C　②－D　③－E　④－B　⑤－A

10과

워밍업 1 p112

1　① lǐbian　② yínháng
　③ xuéxiào　④ méiyǒu

모범 답안　161

모범답안

2 ③

녹음
a : 学校里边有没有银行?
b : 学校里边……有。

표현 연습 p115

1 ① 箱子里有书吗?
　　　箱子里有没有书?
　　② 学校里边有礼堂吗?
　　　学校里边有没有礼堂?

표현 연습 p117

1 ① 食堂在图书馆西边。
　　② 教学楼在图书馆东边。
　　③ 宿舍在图书馆南边。
　　④ 体育馆在图书馆北边。

실력다지기 p118~119

1 ① 右边　　② 左边　　③ 前边

2 a: 学校里边有没有小卖部?
　　b: 有。
　　a: 哪里有?
　　b: 图书馆里边有。
　　a: 在几楼?
　　b: 四楼。

3 ① 纪念馆
　　② 宿舍
　　③ 图书馆
　　④ 体育馆

4 a : 学校里边有没有小卖部?
　　b : 有。图书馆里边有。
　　a : 图书馆在礼堂旁边，对不对?
　　b : 不对，那是体育馆。图书馆在礼堂对面。
　　a : 小卖部在几楼?
　　b : 一楼。
　　a : 哦，知道了。谢谢
　　b : 不客气。

5 ① Xuéxiào lǐ yǒu méiyǒu lǐtáng?
　　② Túshūguǎn lǐbian yǒu kāfēitīng hé xiǎomàibù.
　　③ Xǐshǒujiān zài jiàoxuélóu de yī lóu.
　　④ Shūdiàn zài yóujú de hòubian.

녹음
① 学校里有没有礼堂?
② 图书馆里边有咖啡厅和小卖部。
③ 洗手间在教学楼的一楼。
④ 书店在邮局的后边。

6

녹음
① 学校里边有什么?
② 学校里边有没有体育馆?
③ 食堂在几楼?
④ 图书馆在哪儿?

실전연습문제 p120

1 ① ✕　　② ✕　　③ ○　　④ ○

녹음
① 邮局在图书馆对面。
② 书店旁边有银行。
③ 银行在三楼。
④ 体育馆西边有小卖部。

2 ① C　　② B

|녹음|
① 男：宿舍楼在图书馆后边吗?
　　女：宿舍楼在图书馆左边。
② 女：图书馆里边有没有咖啡厅?
　　男：没有，教学楼里边有。

3 ①-E　②-C　③-D　④-A　⑤-B

11과

워밍업 1 p124

1 ① chī　　② guò
　　③ wèidao　④ cài

2 ①

|녹음|
男：你吃过中国菜吗?
女：我吃过中国菜。

표현 연습 p127

1 ① 我没去过重庆和西安。
　　② 我没吃过日本菜。
　　③ 我没看过英国电影。

표현 연습 p129

1 ① 辣　　② 酸　　③ 甜

실력다지기 p130~131

1 ① a：你去过杭州吗?
　　　b：我(去过 / 没去过)杭州。
　② a：你去过广州吗?
　　　b：我(去过 / 没去过)广州。
　③ a：你去过苏州吗?
　　　b：我(去过 / 没去过)苏州。
　④ a：你去过西安吗?
　　　b：我(去过 / 没去过)西安。

2 ① D　　② B　　③ A　　④ C

3 ① a：泡菜味道怎么样?
　　　b：泡菜很辣。
　② a：海带汤味道怎么样?
　　　b：海带汤很清淡。
　③ a：炒打糕味道怎么样?
　　　b：炒打糕很辣、很甜。
　④ a：烤猪肉味道怎么样?
　　　b：烤猪肉很油腻。

4 ① 你去过长城和故宫吗?
　　　你去过长城和故宫没有?
　　　我没去过长城和故宫。
　② 你打过乒乓球吗?
　　　你打过乒乓球没有?
　　　我没打过乒乓球。
　③ 你看过中国电影吗?
　　　你看过中国电影没有?
　　　我没看过中国电影。

5 ① Nǐ kàn guò bīngmǎyǒng méi yǒu?
　② Wǒ chīguò Běijīngcài, méi chīguò Shànghǎicài.
　③ Dōngběicài wèidao hěn qīngdàn ma?
　④ Wǒ zuì xǐhuan Hánguó pàocài.

모범답안

| 녹음 |
① 你看过兵马俑没有？
② 我吃过北京菜，没吃过上海菜。
③ 东北菜味道很清淡吗？
④ 我最喜欢韩国泡菜。

6

| 녹음 |
① 你去过中国吗？
② 你吃过中国菜吗？
③ 中国菜味道怎么样？
④ 哪种菜最好吃？

실전연습문제 p132

1 ① ×   ② ○   ③ ×   ④ ○

| 녹음 |
① 我没去过中国。
② 我去过美国。
③ 我最喜欢中国菜。
④ 我喜欢广东菜，很好吃。

2 ① A   ② C

| 녹음 |
① 小金去过中国的北京、上海和杭州。
② 小李吃过中国菜，他喜欢北京烤鸭和东坡肉。

3 ①-D   ②-A   ③-E   ④-C   ⑤-B

12과

워밍업1 p136

1 ① yào   ② chūguó
    ③ xiān   ④ ránhòu

2 ③

| 녹음 |
女： 暑假你要做什么？
男： 我要去中国。

표현 연습 p139

1 ① 我要先学汉语，然后学法语。
    ② 我要先吃晚饭，然后做作业。

표현 연습 p141

1 ① 弟弟今天晚上走。
    ② 他们下午三点出发。
    ③ 王明和陈丽丽明天要回国。/
      明天王明和陈丽丽要回国。

실력다지기 p142~143

1 ① 去故宫， 去长城。
    ② 去上海， 去北京。
    ③ 去香港， 去澳门。

2 ① 我要学跳舞。
    ② 我要学汉语。
    ③ 我要学开车。
    ④ 我要学太极拳。

3 ① 她星期五走。
    ② 他们明天下午回国。

③ 爸爸和弟弟八月二十号去中国。
④ 我跟朋友今天晚上八点出发。

4 ① 暑假你要做什么?
② 你一个人去吗?
③ 你们想去哪些地方?
④ 他们什么时候回国?

5 ① Shǔjià wǒ yào gēn péngyǒu yìqǐ qù Sìchuān.
② Wǒ xiǎng xiān qù Shànghǎi, ránhòu qù Sūzhōu.
③ Nà, wǒmen kěyǐ zài Shǒu'ěr jiànmiàn ma?
④ Nǐmen yídìng liánxì wǒ a!

| 녹음 |
① 暑假我要跟朋友一起去四川。
② 我想先去上海，然后去苏州。
③ 那，我们可以在首尔见面吗?
④ 你们一定联系我啊!

6

| 녹음 |
① 你什么时候放假?
② 暑假你要做什么?
③ 明天你想去哪儿?
④ 你想去中国哪些地方?

실전연습문제 p144

1 ① ○ ② ○ ③ × ④ ×

| 녹음 |
① 我要去中国。
② 暑假我要学游泳。
③ 我不想学法语。
④ 我跟朋友一起去吃饭。

2 ① B   ② C

| 녹음 |
① 小李要跟小金一起去欧洲，先去英国，然后去法国。
② 小王今天放假，明天下午出国。

3 ① - D   ② - C   ③ - A   ④ - E   ⑤ - B

모범답안

복습 II

단어체크 p146~147

7과
- ☐ 现在 xiànzài
- ☐ 点 diǎn
- ☐ 分 fēn
- ☐ 上课 shàngkè
- ☐ 咱们 zánmen
- ☐ 一起 yìqǐ
- ☐ 吃 chī
- ☐ 晚饭 wǎnfàn
- ☐ 怎么样 zěnmeyàng
- ☐ 见面 jiànmiàn
- ☐ 下课 xiàkè

8과
- ☐ 最近 zuìjìn
- ☐ 太 tài
- ☐ 忙 máng
- ☐ 呢 ne
- ☐ 汉语 Hànyǔ
- ☐ 课 kè
- ☐ 作业 zuòyè
- ☐ 多 duō
- ☐ 去 qù
- ☐ 哪儿 nǎr
- ☐ 图书馆 túshūguǎn
- ☐ 回家 huíjiā
- ☐ 办公室 bàngōngshì

9과
- ☐ 爱好 àihào
- ☐ 听 tīng
- ☐ 音乐 yīnyuè
- ☐ 喜欢 xǐhuan
- ☐ 学习 xuéxí
- ☐ 运动 yùndòng
- ☐ 太 tài
- ☐ 非常 fēicháng
- ☐ 足球 zúqiú
- ☐ 棒球 bàngqiú
- ☐ 篮球 lánqiú

10과
- ☐ 学校 xuéxiào
- ☐ 里边 lǐbian
- ☐ 银行 yínháng
- ☐ 哪里 nǎli
- ☐ 那里 nàli
- ☐ 没有 méiyǒu
- ☐ 楼 lóu
- ☐ 办公楼 bàngōnglóu
- ☐ 对面 duìmiàn
- ☐ 对 duì
- ☐ 书店 shūdiàn
- ☐ 右边 yòubian
- ☐ 宿舍楼 sùshèlóu
- ☐ 哦 ò
- ☐ 知道 zhīdào

11과

- 过 guo
- 哪些 nǎxiē
- 地方 dìfang
- 北京 Běijīng
- 上海 Shànghǎi
- 杭州 Hángzhōu
- 苏州 Sūzhōu
- 没有 méiyǒu
- 菜 cài
- 中国菜 Zhōngguócài
- 味道 wèidao
- 好吃 hǎochī
- 种 zhǒng
- 最 zuì
- 北京烤鸭 Běijīng kǎoyā
- 东坡肉 Dōngpòròu

12과

- 暑假 shǔjià
- 要 yào
- 个 gè
- 朋友 péngyou
- 跟 gēn
- 想 xiǎng
- 先 xiān
- 然后 ránhòu
- 时候 shíhou
- 出国 chūguó
- 回国 huíguó

- 那 nà
- 可以 kěyǐ
- 一定 yídìng
- 联系 liánxì
- 啊 a

핵심표현 p150~151

7과
① 点，分　② 上课　③ 怎么样　④ 吧

8과
① 吗　② 最近　③ 太，了　④ 哪儿

9과
① 爱好　② 喜欢　③ 你呢　④ 非常

10과
① 没有　② 有　③ 在　④ 对面

11과
① 过　② 没　③ 好吃　④ 最

12과
① 要　② 先，然后　③ 回国　④ 可以

MEMO

중국어뱅크 누구나 쉽게 도전하는

NEW 스타일 중국어 ①

정윤철, 최재영, 구현아 지음

따로 분리해서 사용할 수 있습니다

워크북

★ 단어 쓰기 노트

동양북스

중국어뱅크 누구나 쉽게 도전하는

NEW 스타일 중국어 1

정윤철, 최재영, 구현아 지음

워크북

★ 단어 쓰기 노트

숫자

零 líng 0, 영	零 líng				零 영 영
一 yī 1, 하나	一 yī				一 하나 일
二 èr 2, 둘	二 èr				二 두 이
三 sān 3, 셋	三 sān				三 석 삼
四 sì 4, 넷	四 sì				四 넉 사
五 wǔ 5, 다섯	五 wǔ				五 다섯 오
六 liù 6, 여섯	六 liù				六 여섯 육
七 qī 7, 일곱	七 qī				七 일곱 칠
八 bā 8, 여덟	八 bā				八 여덟 팔
九 jiǔ 9, 아홉	九 jiǔ				九 아홉 구
十 shí 10, 열	十 shí				十 열 십

01

谢谢 xièxie 감사합니다　　　　　　　　　　　　　　　　　　　　　謝 사례할 사

谢	谢	谢	谢	谢	谢

不客气 bú kèqi 천만에요, 별말씀을요　　　　　　　　　不 아니 불, 부 | 客 손 객 | 氣 기운 기

不	客	气	不	客	气

对不起 duìbuqǐ 죄송합니다, 미안합니다　　　　　　　對 대할 대 | 不 아니 불, 부 | 起 일어날 기

对	不	起	对	不	起

没关系 méi guānxi 괜찮습니다　　　　　　　　　　　沒 없을 몰 | 關 관계 관 | 係 맬 계

没	关	系	没	关	系

02

我 wǒ 나 — 我 나 아

你 nǐ 너 — 你 너니

他 tā 그 — 他 다를 타

她 tā 그녀 — 她 그녀 타

大家 dàjiā 여러분, 모두들   大 큰대 | 家 집가

老师 lǎoshī 선생님   老 늙을로 | 師 스승사

再见 zàijiàn 안녕. 다시 만나요   再 다시재 | 見 볼견

明天 míngtiān 내일   明 밝을명 | 天 하늘천

03

叫 jiào ~라고 불리다 　　　　　　　　　　　　　　　　　　　　　　　　　　　　　　　　　　　　　　　叫 부르짖을 규

叫	叫	叫	叫	叫	叫

什么 shénme 무엇 　　　　　　　　　　　　　　　　　　　　　　　　　　　　　　　　　　　　　　什 무엇 십 | 麼 그런가 마

什	么	什	么	什	么

贵姓 guìxìng 상대방을 높여 성함을 물어볼 때의 존칭 　　　　　　　　　　　　　　　　　　貴 귀할 귀 | 姓 성씨 성

贵	姓	贵	姓	贵	姓

名字 míngzi 이름 　　　　　　　　　　　　　　　　　　　　　　　　　　　　　　　　　　　　　名 이름 명 | 字 글자 자

名	字	名	字	名	字

韩国 Hánguó 한국   韓 나라 한 | 國 나라 국

韩 国 韩 国 韩 国

中国 Zhōngguó 중국   中 가운데 중 | 國 나라 국

中 国 中 国 中 国

美国 Měiguó 미국   美 아름다울 미 | 國 나라 국

美 国 美 国 美 国

日本 Rìběn 일본   日 날 일 | 本 근본 본

日 本 日 本 日 本

04

岁 suì 살, 세(나이를 세는 단위)   歲 나이 세

岁 岁 岁 岁 岁 岁

认识 rènshi 알다   認 인정할 인 | 識 알 식

认 识 认 识 认 识

高兴 gāoxìng 기쁘다   高 높을 고 | 興 흥 흥

高 兴 高 兴 高 兴

学生 xuéshēng 학생   學 배울 학 | 生 날 생

学 生 学 生 学 生

小学 xiǎoxué 초등학교   小 작을 소 | 學 배울 학

小	学	小	学	小	学

初中 chūzhōng 중학교   初 처음 초 | 中 가운데 중

初	中	初	中	初	中

高中 gāozhōng 고등학교   高 높을 고 | 中 가운데 중

高	中	高	中	高	中

大学 dàxué 대학   大 큰 대 | 學 배울 학

大	学	大	学	大	学

05

爸爸 bàba 아빠   爸 아버지 파

爸	爸	爸	爸	爸	爸

妈妈 māma 엄마   妈 어머니 마

妈	妈	妈	妈	妈	妈

哥哥 gēge 형, 오빠   哥 형 가

哥	哥	哥	哥	哥	哥

姐姐 jiějie 누나, 언니   姐 누이 저

姐	姐	姐	姐	姐	姐

弟弟 dìdi 남동생　　　　　　　　　　　　　　　　　　　　弟 아우 제

弟	弟	弟	弟	弟	弟

妹妹 mèimei 여동생　　　　　　　　　　　　　　　　　　　妹 누이 매

妹	妹	妹	妹	妹	妹

警察 jǐngchá 경찰　　　　　　　　　　　　　警 경계할 경 | 察 살필 찰

警	察	警	察	警	察

医生 yīshēng 의사　　　　　　　　　　　　　　醫 의원 의 | 生 날 생

医	生	医	生	医	生

06

今天 jīntiān 오늘   今 이제 금 | 天 하늘 천

今	天	今	天	今	天

考试 kǎoshì 시험   考 살필 고 | 试 시험 시

考	试	考	试	考	试

生日 shēngrì 생일   生 날 생 | 日 날 일

生	日	生	日	生	日

春节 Chūn Jié 설(구정)   春 봄 춘 | 節 경절 절

春	节	春	节	春	节

中秋节 Zhōngqiū Jié 추석			中 가운데 중	秋 가을 추	節 경절 절
中	秋	节	中	秋	节

圣诞节 Shèngdàn Jié 크리스마스			聖 성스런 성	誕 낳을 탄	節 경절 절
圣	诞	节	圣	诞	节

劳动节 Láodòng Jié 근로자의 날			勞 일할 로	動 움직일 동	節 경절 절
劳	动	节	劳	动	节

国庆节 Guóqìng Jié 중국의 국경일			國 나라 국	慶 경사 경	節 경절 절
国	庆	节	国	庆	节

07

现在 xiànzài 지금 — 现 나타날 현 | 在 있을 재

现	在	现	在	现	在

起床 qǐchuáng 일어나다 — 起 일어날 기 | 床 잠자리 상

起	床	起	床	起	床

睡觉 shuìjiào 잠자다 — 睡 잠잘 수 | 覺 잠 교

睡	觉	睡	觉	睡	觉

晚饭 wǎnfàn 저녁식사 — 晚 늦을 만 | 飯 밥 반

晚	饭	晚	饭	晚	饭

咖啡 kāfēi 커피					咖 커피 가 啡 커피 배
咖	啡	咖	啡	咖	啡

电影 diànyǐng 영화					電 번개 전 影 그림자 영
电	影	电	影	电	影

见面 jiànmiàn 만나다					見 볼 견 面 낯 면
见	面	见	面	见	面

回家 huíjiā 집으로 돌아가(오)다					回 돌아올 회 家 집 가
回	家	回	家	回	家

08

宿舍 sùshè 기숙사　　　　　　　　　　　　　　　宿 잘숙 | 舍 집사

宿	舍	宿	舍	宿	舍

教室 jiàoshì 교실　　　　　　　　　　　　　　　教 가르칠교 | 室 집실

教	室	教	室	教	室

银行 yínháng 은행　　　　　　　　　　　　　　　銀 은은 | 行 상점항

银	行	银	行	银	行

邮局 yóujú 우체국　　　　　　　　　　　　　　　郵 우편우 | 局 관청국

邮	局	邮	局	邮	局

书店 shūdiàn 서점 書 책 서 | 店 가게 점

	书	店	书	店	书	店

超市 chāoshì 마트, 수퍼 超 뛰어넘을 초 | 市 저자 시

	超	市	超	市	超	市

办公室 bàngōngshì 사무실 辦 다스릴 판 | 公 관청 공 | 室 집 실

	办	公	室	办	公	室

洗手间 xǐshǒujiān 화장실 洗 씻을 세 | 手 손 수 | 間 사이 간

	洗	手	间	洗	手	间

09

足球 zúqiú 축구   足 발족 | 球 공구

足	球	足	球	足	球

棒球 bàngqiú 야구   棒 막대봉 | 球 공구

棒	球	棒	球	棒	球

篮球 lánqiú 농구   篮 바구니람 | 球 공구

篮	球	篮	球	篮	球

滑冰 huábīng 스케이트(타다)   滑 미끄러울활 | 冰 얼음빙

滑	冰	滑	冰	滑	冰

滑雪 huáxuě 스키(타다)   滑 미끄러울 활 | 雪 눈 설

滑	雪	滑	雪	滑	雪

网球 wǎngqiú 테니스   網 그물 망 | 球 공 구

网	球	网	球	网	球

羽毛球 yǔmáoqiú 배드민턴   羽 깃 우 | 毛 터럭 모 | 球 공 구

羽	毛	球	羽	毛	球

乒乓球 pīngpāngqiú 탁구   乒 탁구 핑 | 乓 탁구 팡 | 球 공 구

乒	乓	球	乒	乓	球

跑步 pǎobù 달리기(하다)　　　　　　　　　　　　　　**跑** 달릴 포 | **步** 걸음 보

跑	步	跑	步	跑	步

旅游 lǚyóu 여행(하다)　　　　　　　　　　　　　　**旅** 나그네 려 | **遊** 놀 유

旅	游	旅	游	旅	游

游泳 yóuyǒng 수영(하다)　　　　　　　　　　　　　**遊** 헤엄칠 유 | **泳** 헤엄칠 영

游	泳	游	泳	游	泳

爬山 páshān 등산(하다)　　　　　　　　　　　　　**爬** 길 파 | **山** 뫼 산

爬	山	爬	山	爬	山

跳舞 tiàowǔ 춤추다　　　　　　　　　　　　　　　　跳 뛸 도 | 舞 춤출 무

跳	舞	跳	舞	跳	舞

唱歌 chànggē 노래 부르다　　　　　　　　　　　　　唱 부를 창 | 歌 노래 가

唱	歌	唱	歌	唱	歌

照相 zhàoxiàng 사진 찍다　　　　　　　　　　　　　照 비칠 조 | 相 모양 상

照	相	照	相	照	相

上网 shàngwǎng 인터넷 하다　　　　　　　　　　　　上 윗 상 | 網 그물 망

上	网	上	网	上	网

10

学校 xuéxiào 학교 — 學 배울 학 | 校 학교 교

学	校	学	校	学	校

礼堂 lǐtáng 강당 — 禮 예도 례 | 堂 집 당

礼	堂	礼	堂	礼	堂

食堂 shítáng 식당 — 食 먹을 식 | 堂 집 당

食	堂	食	堂	食	堂

楼 lóu 건물, 층 — 樓 다락 루

楼	楼	楼	楼	楼	楼

小卖部 xiǎomàibù 매점　　　小 작을소 | 賣 팔매 | 部 부문부

小	卖	部	小	卖	部

图书馆 túshūguǎn 도서관　　　圖 그림도 | 書 책서 | 館 집관

图	书	馆	图	书	馆

体育馆 tǐyùguǎn 체육관　　　體 몸체 | 育 기를육 | 館 집관

体	育	馆	体	育	馆

纪念馆 jìniànguǎn 기념관　　　紀 적을기 | 念 생각할념 | 館 집관

纪	念	馆	纪	念	馆

对面 duìmiàn 맞은편 　　　　　　　　　　　　　　　　　對 대할 대 | 面 낯 면

对	面	对	面	对	面

旁边 pángbiān 옆 　　　　　　　　　　　　　　　　　旁 곁 방 | 邊 가 변

旁	边	旁	边	旁	边

前边 qiánbian 앞 　　　　　　　　　　　　　　　　　前 앞 전 | 邊 가 변

前	边	前	边	前	边

后边 hòubian 뒤 　　　　　　　　　　　　　　　　　後 뒤 후 | 邊 가 변

后	边	后	边	后	边

里边 lǐbian 안쪽 　　　　　　　　　　　　　　　　　裏 속 리 | 邊 가 변

里　边　里　边　里　边

外边 wàibian 바깥쪽 　　　　　　　　　　　　　　　　外 바깥 외 | 邊 가 변

外　边　外　边　外　边

右边 yòubian 오른쪽 　　　　　　　　　　　　　　　　右 오른쪽 우 | 邊 가 변

右　边　右　边　右　边

左边 zuǒbian 왼쪽 　　　　　　　　　　　　　　　　　左 왼쪽 좌 | 邊 가 변

左　边　左　边　左　边

11

北京 Běijīng 베이징　　　　　　　　　　　　　　北 북녘 북 | 京 서울 경

北	京	北	京	北	京

天津 Tiānjīn 톈진　　　　　　　　　　　　　　天 하늘 천 | 津 나루 진

天	津	天	津	天	津

上海 Shànghǎi 상하이　　　　　　　　　　　　上 윗 상 | 海 바다 해

上	海	上	海	上	海

杭州 Hángzhōu 항저우　　　　　　　　　　　杭 건널 항 | 州 고을 주

杭	州	杭	州	杭	州

西安 Xī'ān 시안   西 서녘 서 | 安 편안할 안

西	安	西	安	西	安

重庆 Chóngqìng 충칭   重 무거울 중 | 慶 경사 경

重	庆	重	庆	重	庆

香港 Xiānggǎng 홍콩   香 향기 향 | 港 항구 항

香	港	香	港	香	港

澳门 Àomén 마카오   澳 깊을 오 | 門 문 문

澳	门	澳	门	澳	门

味道 wèidao 맛					味 맛 미 | 道 길 도
味	道	味	道	味	道

好吃 hǎochī 맛있다					好 좋을 호 | 吃 먹을 흘
好	吃	好	吃	好	吃

油腻 yóunì 느끼하다, 기름지다					油 기름 유 | 腻 기름질 니
油	腻	油	腻	油	腻

清淡 qīngdàn 담백하다					清 맑을 청 | 淡 맑을 담
清	淡	清	淡	清	淡

酸 suān 시다　　　　　　　　　　　　　　　　　酸 실산

酸	酸	酸	酸	酸	酸

甜 tián 달다　　　　　　　　　　　　　　　　　甜 달 첨

甜	甜	甜	甜	甜	甜

苦 kǔ 쓰다　　　　　　　　　　　　　　　　　苦 쓸 고

苦	苦	苦	苦	苦	苦

辣 là 맵다　　　　　　　　　　　　　　　　　辣 매울 랄

辣	辣	辣	辣	辣	辣

12

暑假 shǔjià 여름방학　　　　　　　　　　　　　　暑 더울 서 | 假 휴가 가

暑	假	暑	假	暑	假

朋友 péngyou 친구　　　　　　　　　　　　　　朋 벗 붕 | 友 벗 우

朋	友	朋	友	朋	友

可以 kěyǐ ~할 수 있다　　　　　　　　　　　　可 가히 가 | 以 써 이

可	以	可	以	可	以

一定 yídìng 반드시, 꼭　　　　　　　　　　　　一 하나 일 | 定 정할 정

一	定	一	定	一	定

要 yào ~할 것이다 　　　　　　　　　　　　　　　　　　　　　　　　要 바랄 요

要	要	要	要	要	要

想 xiǎng ~하고 싶다 　　　　　　　　　　　　　　　　　　　　　　　　想 생각 상

想	想	想	想	想	想

先 xiān 먼저, 우선 　　　　　　　　　　　　　　　　　　　　　　　　先 먼저 선

先	先	先	先	先	先

然后 ránhòu 그 다음에, ~하고 나서 　　　　　　　　　　　　　　　然 그럴 연 | 後 뒤 후

然	后	然	后	然	后

31

回国 huíguó 귀국하다 　　　　　　　　　　　　　　回 돌아올 회 | 國 나라 국

回	国	回	国	回	国

休息 xiūxi 쉬다, 휴식하다 　　　　　　　　　　　　　休 쉴 휴 | 息 쉴 식

休	息	休	息	休	息

开车 kāichē 운전하다 　　　　　　　　　　　　　　開 열 개 | 車 수레 차, 거

开	车	开	车	开	车

太极拳 tàijíquán 태극권 　　　　　　　　　太 클 태 | 極 다할 극 | 拳 주먹 권

太	极	拳	太	极	拳

汉语 Hànyǔ 중국어　　　　　　　　　　　　　　　　漢 한나라 한 | 語 말씀 어

汉	语	汉	语	汉	语

韩语 Hányǔ 한국어　　　　　　　　　　　　　　　　韓 나라 한 | 語 말씀 어

韩	语	韩	语	韩	语

日语 Rìyǔ 일본어　　　　　　　　　　　　　　　　日 날 일 | 語 말씀 어

日	语	日	语	日	语

英语 Yīngyǔ 영어　　　　　　　　　　　　　　　　英 꽃부리 영 | 語 말씀 어

英	语	英	语	英	语

MEMO

MEMO

MEMO

MEMO

MEMO

MEMO

MEMO

www.dongyangbooks.com (웹사이트)
m.dongyangbooks.com (모바일)

중국어뱅크 누구나 쉽게 도전하는
NEW 스타일
중국어 ①

이름

본 책 + MP3 다운로드 + 워크북 포함
값 13,800원

동양북스 채널에서 더 많은 도서 더 많은 이야기를 만나보세요!

외국어 출판 45년의 신뢰
외국어 전문 출판 그룹
동양북스가 만드는 책은 다릅니다.

45년의 쉼 없는 노력과 도전으로 책 만들기에 최선을 다해온
동양북스는 오늘도 미래의 가치에 투자하고 있습니다.
대한민국의 내일을 생각하는 도전 정신과 믿음으로 최선을 다하겠습니다.